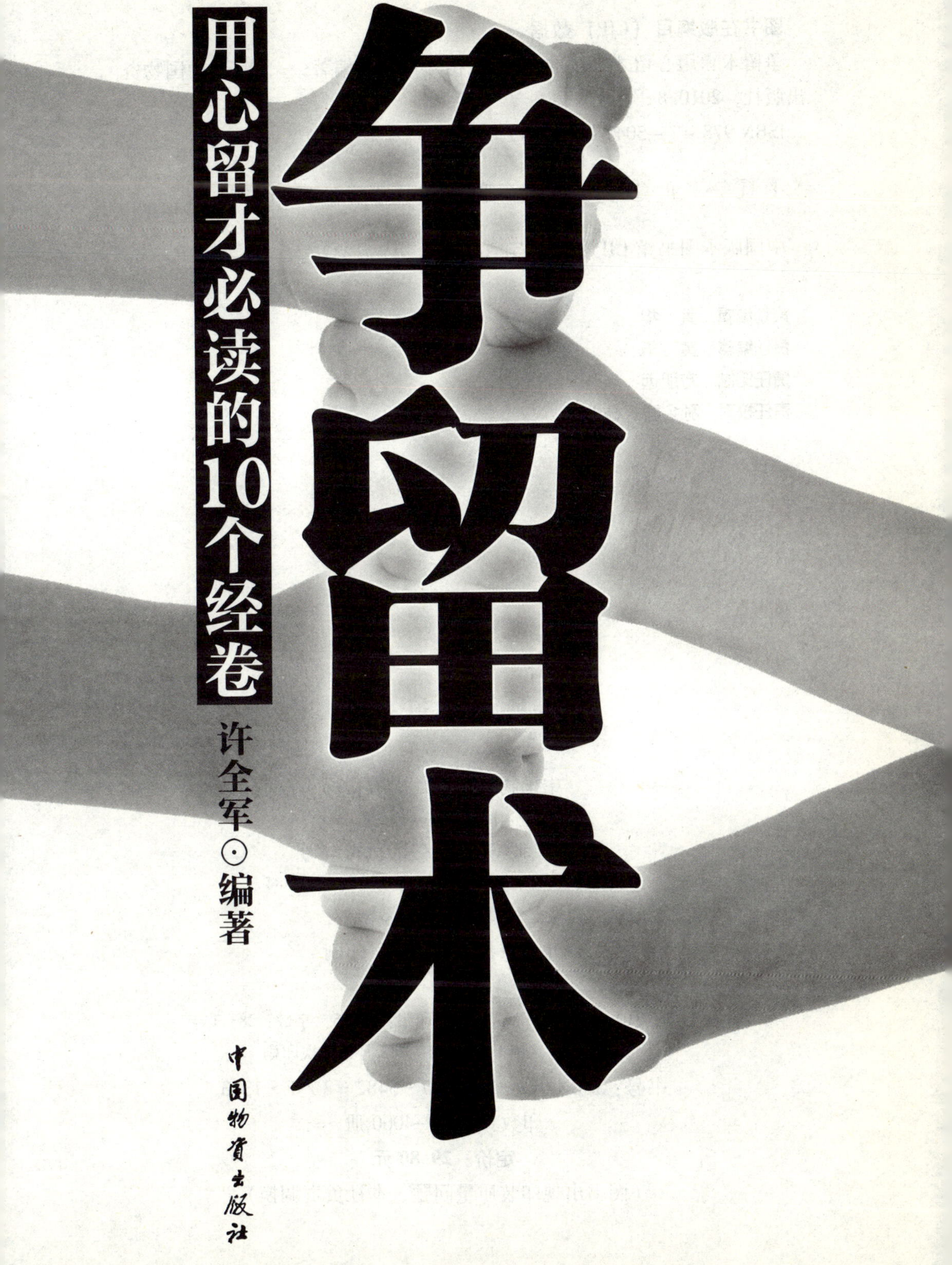

争留术

用心留才必读的10个经卷

许全军◎编著

中国物资出版社

图书在版编目（CIP）数据

争留术：用心留才必读的 10 个经卷 / 许全军编著. —北京：中国物资出版社，2010. 8

ISBN 978 - 7 - 5047 - 3482 - 2

Ⅰ. ①争… Ⅱ. ①许… Ⅲ. ①企业管理：人事管理 Ⅳ. ①F272. 92

中国版本图书馆 CIP 数据核字（2010）第 131237 号

策划编辑 黄　华
责任编辑 黄　华
责任印制 方朋远
责任校对 孙会香　杨小静

中国物资出版社出版发行
网址：http：//www. clph. cn
社址：北京市西城区月坛北街 25 号
电话：（010）68589540　邮政编码：100834
全国新华书店经销
北京京都六环印刷厂印刷

开本：710mm × 1000mm　1/16　印张：16. 75　字数：283 千字
2010 年 8 月第 1 版　2010 年 8 月第 1 次印刷
书号：ISBN 978 - 7 - 5047 - 3482 - 2 / F · 1373
印数：0001—4000 册
定价：29. 80 元

前　言

很多人都知道，新加坡是个面积不大的岛国，自然资源匮乏是其发展的瓶颈。对这个岛国而言，其最大的财富就是人力资源，吸引、留住外国高素质人才一直是新加坡保持人口增长和经济高速增长的一个重要手段。因此，新加坡是个文化多元化的国家，中华文化、印度文化、马来西亚文化和欧洲文化等对其影响深远。为了留住人才，新加坡尊重各种文化差异的存在，并保留了移民者原有的文化以及他们对家乡的认同感。新加坡总理李显龙曾在报告中提到："我们必须不拘一格物色各方面的人才，这不只是数字而已。我们正在物色有才能、有干劲、有主意、肯主动的人才，不只是大学毕业生、专业人士、银行家和律师，而是各种各样的人才。"

为了国家的发展，新加坡人希望用宽广的胸怀留住来自不同文化背景的人才，将新加坡打造成真正的世界之城。同样，要想打造一个经久不衰的品牌企业，使企业在市场竞争中保持优势，在当前知识经济占据主导地位的情况下，市场的竞争就是人才的竞争，所以，人才就成为关键性因素。

因此，越来越多的人力资源专家将研究的重心转移到如何留住人才上，留住优秀人才也成为企业管理者的首要职责。据一份相关统计数据显示，人才的流动性越来越大，各企业抢夺人才的战争将会无声地打响。

世界上知名的具有前瞻性的企业，都是凭借其独特的管人、用人、留人理念，成就了企业的常青和辉煌。例如诺基亚、壳牌、西门子、欧莱雅、玛莎、本田、家乐福、联合利华等，每个企业都有自己独特的人才理念。当许多竞争对手在50年前就已消亡时，发展已近百年或者逾百年的它们依然屹立于商海之中，而且几乎保持着每六七年增大一倍的发展速度，原因就在于它们眼光长远，具有留住人才的科学理念。

一般人力资源丰富的企业，若人才质量高、使用得当的话，企业发展就会蒸蒸日上。著名的钢铁大王安德鲁·卡内基有一句名言："如果你将我所有的工厂、设备、市场、资金全部夺取，但是只要保留我的组织人员，四年之后，我仍将是一个钢铁大王。"这句话足以说明人才具有点石成金、化腐朽为神奇的本领。

有些管理者可能想过这样的问题，为什么自己的团队人员流动频繁，而其他公司在没有加班费的情况下，员工仍然自愿辛勤地加班？或者自己的团队人员工作毫无士气，而其他公司的员工却愿意为了企业的目标而全力冲刺，毫无保留地奉献出自己的所有才智？当阅读完本书后，相信你一定能够从中找到正确答案。

本书通过深入浅出的理论分析和典型案例，将巧妙留住人才的方法与读者一起分享。从这些成功的案例中，读者能够直观地理解巧妙留人的理论，并将这些理论运用到实践中去。相信本书的出版，会成为管理者以及人力资源从业人员的指路明灯，照亮打造优秀团队的辉煌道路。

在此对参与本书编写的成员：张志军、袁建财、贺子锦、王振伟、闫博、李忠良、赵静、李绍玲、李光亮、孙占领、王章文、张艾莉、杜延起、张萍、刘芳一并表示感谢！

许全军

2010年6月18日于北京大学光华管理学院

目 录

经卷 1　先从招聘开始 …… 1

树立独特的招聘价值观 …… 2

能力大于资历 …… 5

将国际化人才据为己有 …… 8

重视人才的“自然性” …… 11

慧眼巧识应届毕业生 …… 14

发挥网络招聘的优势 …… 17

借助猎头公司的力量 …… 20

严格面试，筛选德才兼备者 …… 23

把握招聘面试的 STAR 原则 …… 26

经卷 2　留才要有道 …… 31

制定科学的内部晋升制度 …… 32

用细节甄别人才 …… 35

用排序法识别优秀人才 …… 38

完善绩效管理体系 …… 41

选拔比自己能力更强的人才 …… 45

“奇才”是最宝贵的人力资源 …… 48

警惕“格雷欣现象” …… 52

不求最好，但求合适 …… 56

经卷3 用“薪”养才 …… 59

绩效考核与薪酬体系挂钩 …… 60
掌握设计薪酬的艺术 …… 63
满足员工的物质需求 …… 66
合理、公平分配薪酬 …… 69
建立合理的奖励制度 …… 72
动态薪酬，留住不同人才的秘诀 …… 75
舞好“股权”这把双刃剑 …… 78
发挥“年终奖”的吸引力 …… 81
福利注重人性化 …… 84

经卷4 留人贵在激励 …… 87

告诉下属“你真棒” …… 88
信任是一种最大的激励 …… 91
妙用“二次激励” …… 93
激励方式因时而异 …… 96
满足员工的成就感 …… 99
用企业愿景激励人才 …… 102
充分授权，让员工在实践中得到锻炼 …… 105

经卷5 给人才成长的空间 …… 109

授人以鱼不如授人以渔 …… 110
制订有效的人才培训计划 …… 113
对新员工进行岗前培训 …… 116
多层次培养人才 …… 119
重点优先培养有能力者 …… 122

轮岗培训，全面提升员工能力 …… 125
为员工设计职业发展方向 …… 128
提高员工独立思考的能力 …… 131

经卷 6　创建良好的工作氛围 …… 135

形成良性内部竞争环境 …… 136
提供良好的工作环境 …… 139
创建舒适的人文环境 …… 142
实行柔性管理 …… 145
给人才家的感觉 …… 149
打造学习型团队 …… 152
群策群力，提高员工的主人翁意识 …… 155

经卷 7　为人才提供展现优势的舞台 …… 157

充分发挥员工的个性与特长 …… 158
鼓励团队合作 …… 161
让员工干自己想干的事 …… 164
鼓励员工积极创新 …… 167
允许人才犯错误 …… 170

经卷 8　留人先留心 …… 173

平等对待所有员工 …… 174
简化管理层次 …… 177
处处为员工着想 …… 180
管理员工从尊重开始 …… 184
疏导员工的情绪 …… 188
关心员工的家属 …… 192
关心员工的小事 …… 195

实现上下级自由沟通 …… 197
危难时刻不裁员 …… 201

经卷9 用领导魅力去留人 …… 205

让亲和力拉近与人才的距离 …… 206
身先士卒，树立行动榜样 …… 209
与员工分享成就 …… 212
严格自律，约束员工 …… 214
用激情感染他人 …… 217
与下属同舟共济 …… 220
巧妙化解员工之间的冲突 …… 223
用超强的责任心感化员工 …… 226
帮助失败员工重树信心 …… 230

经卷10 建立合理机制 预防人才流失 …… 233

制订长远的人才战略规划 …… 234
建立人才流失预警机制 …… 237
预防人才流失从招聘开始 …… 240
留才的关键在于“稳才” …… 243
挽留你的“左膀右臂” …… 246
树立科学的人才观 …… 249
末位淘汰制度 …… 252
永远为离开的人才敞开大门 …… 256

经卷 1

Jingjuan

先从招聘开始

树立独特的招聘价值观

对任何企业来说，只有把好招聘关，才能选出真正适合企业的优秀人才，这是留住人才的第一步，因此，招聘是选拔优秀人才的“过滤器”。

我们常常听很多人苦苦叹息，抱怨自己没有遇到“伯乐”，而“伯乐”又常常叹息优秀人才少，适合自己的优秀人才就更少。造成这种局面，很大一部分原因是企业在招聘过程中存在着平庸或者错误的招聘价值观。因此，树立独特的招聘价值观对企业来说非常重要。

有句话说得好：“思想决定行动。”人的很多行为都受其思想的控制。要想找到优秀的、适合企业的人才，作为人力资源管理者，首先应该改变自己的招聘观，然后再去人才市场相自己满意的“千里马”。

1988年，万科集团进入住宅行业，并于1993年将开发大众住宅定为公司的核心业务，至此，万科实现了从多元化到专业化的发展。经过十多年的发展，2006年，万科的大众住宅业务覆盖全国二十多个城市，尤其以长三角、珠三角、环渤海三大城市经济圈为重点区域。直到今天，有九万多户中国家庭已经居住在万科提供的住宅中。

万科上下团结奋斗，硕果累累。“万科”成为业内第一个全国驰名商标，其旗下“四季花城”、“城市花园”、“金色家园”等品牌深受全国各地消费者的喜爱；公司研发的“情景花园洋房”是中国住宅行业第一项发明专利和第一个专利产品；公司物业服务通过了全国首批ISO 9002质量体系认证，等等。

在万科创始人王石的眼中，万科取得这一系列辉煌的成就与人才密不可分。比如万科集团副总陈志新，原来只是万科第一个房地产项目的物业管理电工，但万科能够抛弃庸俗的观念，破格提拔重用他。王石也曾谈到自己刚到深圳时，扛过麻袋，推销过饲料，兼职过司机、出纳等，是个名副其实的小人物。因此，王石认为，每个人都能成为优秀人才，每个人都可以创造出不菲的成绩。

南京万科要实施一个新项目，为了招到更好的人才，南京万科发动了一个内部举荐人才的活动。他们将“举人行动”的海报贴在公司的文化墙上，鼓励每个员工推荐自己心目中的人才，这就为每个员工都提供了更好的发展机会。万科继“海盗行动”、“慧眼行动”后，提出了条件更高的“社会精英计划”，将目光瞄准了跨国公司的中国区高管，原百安居中国副总裁就加盟了万科。万科管理层认为，万科与跨国公司争夺人才，是企业发展的现实需要，也是万科综合竞争力的重要标志。

万科不仅对传统与项目相关的工程、设计、营销人才有着旺盛的需求，就连酒店管理、客服等人才，都会在万科受到重用，实现自己的价值。对万科来说，“客户向导”、“尊重人才”永远是第一位的，好的人才就是将公司的客户放在第一位的人才，“客户向导”从理念战略到执行都已经被公司上上下下一致接受。

而且，对推荐人才，万科有一个明确的规定，即亲属不共事。开这一先河的仍然是万科的创始人王石。1989 年，王石离开公司去外地学习一年。回到公司王石发现，他的表妹在自己的公司上班。王石的表妹毕业于一所名牌大学，所学专业正是公司需要的，但王石坚持劝说表妹离开万科，并对表妹说：“如果你真有本事，去哪儿都能施展自己的才能；如果你没有本事，凭什么来我这儿混日子？”表妹听后十分生气，离开了万科，后来在其他公司也得到了很好的发展。就这样，万科的“举贤避亲”原则延续了下来。也正是这个原则，让万科这支年轻的团队始终能够维持简单而真诚的人际关系。

这种单纯的魅力，吸引着很多充满理想和激情的优秀人才加盟万科，来实现自己的职业梦想。

正是因为有自己独特的用人观念，举贤避亲，选拔人才将德放在第一位，才有助于万科形成独特的企业文化。这种企业文化是吸引人才、留住人才的重要方式。

留人心经

在这个以知识经济为主的时代，人才就是企业最大的资本，招聘到的优秀人才越多，企业在激烈竞争中取胜的可能性就越大，因此，每位人力资源管理者，都应该将吸引优秀人才、留住优秀人才放在工作首位。那么，管理者应该树立怎样的招聘价值观呢？

——树立双赢理念

虽然老板与员工之间是一种雇佣与被雇佣的关系，但是从另外一种角度来看，双方之间的关系也可以是一种合作关系。因此，企业老板、人力资源管理者都应该树立起双赢的理念，只有双赢才能获得长期的合作，而单赢的合作是不可能长久的。树立双赢观念，以人为本，给员工一个实现自己价值的平台，只有这样，企业才有可能吸引到更多优秀人才。

——对职位进行分析

找到职位的工作特征，比如说工作的输出特征，产品、劳务等，或者是工作的转换特征，比如说工作中的转化程序、技术、方法等。这些与人的活动、行为以及人的学识等有哪些联系？只有经过了分析比较后，才能确定该职位到底需要什么样的人才，对人才的性格、学识、工作经验等都有哪些要求。

——建立职业化人力资源队伍

我国很多企业，招聘人员往往是临时组成的，甚至有的招聘负责人是老板助理等，职责不明确，权限模糊，对人力资源认识远远不够。这样的招聘队伍缺乏理性的人力资源思考以及招聘技术，很难招聘到真正有用之才。因此，要想从招聘开始找到优秀人才，就应该建立一支职业化的人力资源队伍。

能力大于资历

企业管理者都知道，发展是企业的生命。企业要想取得长足发展，就要选好人才、用好人才、留住人才。其中，选人是所有环节中的第一环。如果没有选好人才，那么用好人才和留住人才就如建立在沙砾上的高楼，再华丽也有坍塌的一天。因此，选择人才，是企业发展的重中之重。

然而在现实生活中，很多人力资源管理者喜欢唯资历、学历识人。虽然资历、学历能够代表一个人曾经的辉煌，但并不代表这样的人才是最合适企业的。因为每个人各有所长，各有所短，选择人才只从一个方面下结论是非常危险的，这也是大量有能力的人才被埋没的真正原因。因此，人力资源管理者在选择人才的时候，一定要注重人才的能力，而不仅仅是资历与学历。

海尔在中国人的眼里绝对不陌生。在总裁张瑞敏的带领下，经过短短几十年时间，海尔从一个亏损147万元的小集体企业，发展成为一个世界知名企业。如今，总部设立在山东青岛市的海尔集团已经成为世界第四大白色家电制造商，在全球30多个国家建立了本土化的设计中心、制造基地和贸易公司，全球员工达5万多人，成为一家大型跨国企业。据统计，2007年，海尔集团实现全球营业额1180亿元。

海尔公司曾经推出过的，与其标志海尔兄弟同名的动画片《海尔兄弟》曾风靡一时。相信很多人对那两个活泼可爱的小兄弟记忆犹新，但是关于这两个可爱的小兄弟背后的故事，知道的人却很少。

张瑞敏一直坚信，资历不是任用人才的唯一标准。在他眼中，真正有能力的人是能干的人，因此，在海尔有一种用人文化——赛马而不是相马。1998年，海尔推出一款新产品，将一种新型、健康的冰箱推向市场，希望能在国内众多冰箱中刮起一股新风潮。

没想到，健康型冰箱一上市，就受到了广大消费者的喜爱。尤其是健康型冰箱包装箱上的Logo设计图案，非常吸引人的眼球：活泼可爱的海尔“两兄弟”手里拿着气球，欢快地奔跑着；整个包装箱为淡淡的绿色，非常新颖，一种健康的气息迎面扑来。

很多人看到如此成功的设计，都以为是设计高手完成的，没人相信参与设计的人当中有一个年轻女孩居然是1998年进入海尔的实习生。不仅仅如此，这位叫黄蔚的实习生还独立设计了燃气灶具的面板，她设计的灶具已经投入生产并产生了经济效益。

每次谈起在海尔的发展，黄蔚都会动情地说：“海尔没有论资排辈，企业为我们每个人都提供了广阔的发展空间。只要你有能力，就会得到重用。为什么自己不好好把握这个机会呢?”黄蔚非常珍惜在海尔工作的每一天。白天，黄蔚在车间里实习，下班后她会到海尔科研所机房中学习。在设计健康型冰箱包装的那段时间里，她利用休息时间，反复在机房里激射，包装箱图案的设计被通过以后，她内心深受鼓舞，自告奋勇地承担了灶具面板的设计。对黄蔚而言，自己的设计能够被通过，是自己人生价值的实现，她要好好留在海尔奋斗出自己的人生。

后来，黄蔚通过内部竞争，到技术中心工作了。黄蔚心中对海尔充满了感激之情，她常说：“与在其他企业工作的和我同时毕业的校友比较，我是幸运的，因为海尔公平、公开、公正的赛马机制激发出了我的活力，让我无憾此生!”

正是因为海尔用人更注重能力，才发现并且吸引了大量的人才加盟海尔，让他们心甘情愿留在海尔奋斗出自己的职业人生。

张瑞敏曾写过一篇《海尔是海》。文中说：“把所有的海尔人凝聚在一起，才能迸发出海一样的力量，这就要靠一种精神，一种我们一贯倡导的‘敬业报国，追求卓越’的企业精神。同心干，不论你我；比贡献，不唯文凭。”正是这种思想，让海尔将许许多多的不可能变成了可能，让海尔走得更高更远。

留人心经

当今是一个凸显自我的时代，每个企业都为人才提供了广阔的展示平台。然而，人们对个人能力与资历是否成正比始终持多种意见，人力资源管理者们对此也常常不知如何是好。其实，只要从下面几个方面进行考察，就知道该选择哪种人才了。

——对关键事例进行评价

针对企业想要考核的员工能力内容，提出一些例子，让应聘者发表自己的个人看法。例子的内容可以是自己企业的，也可以是其他企业的。有个词叫“言为心声”，从一个人的语言中往往可以看出这个人的心理轨迹。

——对应聘者心理进行测试

不得不承认，人的很多行为都是由心理决定的。心理测试是心理学从业者根据人的个体差异而制定的一种专业测量工具。通过心理测试，人的性格、职业倾向等都可以在一定程度上反映出来，而且预见性非常好。在国外，心理测试应用非常广泛，包括企业招聘、公务员录用等，国内目前并不常见，而且花费相对来说比较高。但是，一些专业的人才测评网站开始出现，这为企业带来了不少方便。

——对应聘者背景进行调查

现在的人才市场上，人才良莠不齐，滥竽充数的现象经常发生。有很多人胡乱编造自己的资历，严重干扰了用人单位选择的视线以及目标。虽然在入职前，人力资源管理者已经与应聘者保持了坦诚沟通，但是企业还是无法对员工进行深入了解，只是一种单向的透明。因此，国内的企业可以效仿美国企业，在应聘者入职前对其背景进行调查，确定应聘者提供资料的可信度。

将国际化人才据为己有

20世纪90年代以后，全球经济一体化进程逐步加快。经济高速发展的同时，不论是国家还是企业，对国际化人才的需求都增强了，造成了世界性的人才短缺以及人才白热化争夺。

比如，在一次大型人才交流会上，有7000多个岗位有国际化人才空缺，对国际化人才需求极其旺盛。从这一点上看，企业对人才的需要已经与国际“接轨”了，但是，究竟什么样的人才才能算是“国际化人才”呢？他们身上又具备了哪些普通人才所不具备的素质呢？一旦聘用他们，会给企业带来什么样的好处呢？

其实，对“国际化人才”的定义，在很多专家的眼里是既模糊又清晰，有人甚至会认为“国际化人才”就是外国人才。其实，这种观点是片面的，“国际化人才”是一种复合型人才，它的范围很广，包括外国人才、国外华裔人才、华侨人才、定居国外的留学人才等。同时，它也包括那些有过国外学习背景、具有国际眼光、通晓国际惯例，有着良好跨国文化沟通能力，最起码通晓一门外语及专业知识的复合型人才。这样的人才，进入企业以后，会在工作中发挥出强大的能量，为企业作出更多贡献。

说起索尼，相信很多人都知道，因为在我们的生活中，到处可见带有“SONY”这四个字母的电子产品。但是很多人也许不知道，索尼取得的巨大成就是与其独特的人才招聘观念紧紧联系在一起的。

张燕梅现任索尼（中国）有限公司人力资源副总裁，但是每个接过其名片的人都会看到“人力资源发展部”几个字，而不是想象中的“人力资源部”。对这个特别之处，张燕梅解释说：“这几个简单的字，见证了索尼人力资源部门发展的历程。”

能够进入索尼工作的人都十分优秀，有这样一句话曾经广为流传：有过在索尼工作背景的人，在今后的求职过程中会比较被看好。因为其他公司也相信，索尼在选拔人才和培训人才的标准上是非常严格的。

张燕梅表示，索尼需要更多的国际化人才，如何吸引、招募国际化人才加盟索尼，是索尼当前发展的一个重要战略。最近几年来，中国经济的发展日新月异。立足于索尼独特的企业文化，张燕梅亲自主持开展了好几项人力资源开发项目，其中的一项就是吸引国际化人才，假如吸引不到，就将本土人才培养成国际化人才。

为此，索尼（中国）每年都在国内知名学府举行校园招聘宣讲会。在经过层层严格筛选之后，一些真正符合索尼公司要求的优秀应届毕业生就会被索尼公司送往日本总部进行学习和工作，让他们在日本学习到更先进的理念和技术。公司还帮助他们建立起更为广泛的人际关系网络。通过学习和培训，这些人才都会慢慢具备国际化意识，眼界也变得更加开阔。

这些注入索尼公司的新鲜血液，有的将会继续留在东京发展，但大部分人都愿意回到国内，成为索尼（中国）公司各个岗位上的生力军。任何一个大型企业都难以避免员工跳槽的事情发生，在竞争激烈的电子产品行业，索尼面临的压力更大。因此，很多人力资源管理者对此十分恐惧，但张燕梅却另有看法：索尼人被人挖走，至少从某种程度上说明业界对索尼人才的认可。

索尼这种自成一派的人才观念，不仅吸引了大量的国际化人才，同时还将自己的本土化人才培养成为国际化人才，这就更留住了优秀人才的心。

留人心经

拥有优秀的国际化人才是每个企业都梦寐以求的，但是，一个企业要想充分利用全球的人才资源，就必须实行无国界的人力资源利用。在吸收国际化人才的过程中，人力资源管理者应该注意哪些方面呢？

——注意他国劳动法

每个国家的劳动制度都不一样。在很多国家，人事聘用都会受到一定的限制，当地法律可能会要求在当地开办的企业雇佣当地人作为自己的管理人员。比如在印度，假如一个企业想要到印度开办子公司，就必须接受当地人为雇员，或者是中、低层领导等。

——薪酬水平各有不同

吸引国际化人才是一种世界范围内的招聘活动，因此，各国人才之间不仅存在着语言和文化的差异，而且其家庭也在世界不同国家间流动，所以企业要招聘这样的人才所需要的费用相当大。同时值得注意的是，工资水平在不同的国家也有所不同。

——根据自身需要设置选人方案

迄今为止，国际化人才的应聘制度并不是很完善，还处于一个发展阶段，而这项制度的完善需要花费很长一段时间。因此，企业实施国际化人才战略，一定要根据自身的特点和需要来设计适合自己的选人方案，这样才能避免造成损失。

重视人才的“自然性”

孔子曾说过一句话：“所谓千里马，并不是称许它的力气，而是称许它的品质。”这也折射出中国的传统文化对现代企业选人是一个良好的借鉴，它提醒人力资源管理者在选择人才时，一定要注重人才的品质，也就是人才的“自然性”。

人才的“自然性”指的是人本身所拥有的一种品质，在环境发生变化时自然会引发的行为。换言之，就是人的本性。一个人的品质是其行为的内在指导因素，它能够深刻影响一个人的行为。一个才能出众但是品质不好的人，不仅不能为企业作出贡献，反而会使企业潜在的危害更大，最终会成为企业的害群之马。而品质好的人，却能够将自己的才能淋漓尽致地发挥出来，为企业作出自己的贡献。

很多知名企业在这一点上做得非常好，它们认为一个人的“自然性”能够决定其在工作中的行为和思想。

20世纪30年代，利华兄弟在上海投资开办了中国肥皂有限公司，主要是生产“力士”等品牌的香皂，因为品质优良，深受消费者的欢迎。当时，使用“力士”香皂是一种时尚、开放的象征，这家公司就是联合利华集团的前身。1929年，荷兰 Margrine Unie 人造奶油公司和英国 Lever Brothers 香皂公司合并成为联合利华集团，其总部设立在荷兰鹿特丹和英国伦敦。1986年联合利华重返上海。经过一个多世纪的发展，如今“力士”仍然保持中国销量第一。据统计，联合利华集团在全球75个国家拥有500多家子公司，全球雇员人数超过30万，是全球第二大消费品制造商，也是全世界获利最佳的公司之一，排在世界500强第81名。

很多人都知道，快速消费品行业的竞争非常激烈，但是，联合利华在快速消费品行业佼佼者的地位却从来没有动摇过。对联合利华而言，优秀的人才是企业发展的动力，他们能够将非凡的创意快速转化成货架上的商品。正是有了这些足智多谋、具有商业智慧的人才加盟，才使联合利华取得了辉煌的成绩。

联合利华招聘人才时非常严格，公司的人力资源管理者会采用独特的“游戏招聘法”来挑选合适的人才。游戏是这样的：比如应聘者共有48人，那么考官们会将这48人分为3组，所有的组员都会被黑布蒙上眼睛，然后分给每个小组一根长绳。他们的任务就是在20分钟内将长绳拉成一个正方形，并且每个角上的人数量相等。

听上去很多人会觉得非常难，但主考官们却并不这么认为，因为参加这个游戏的人都是出类拔萃的。只有这个游戏，才有可能让他们流露出一些本质性的东西。因为，所有被蒙上眼的人当中，有两个人是能够透过黑布看见外面的东西的。当游戏开始时，假如这两名应聘者能看见外面的东西，却假装看不见而继续指挥自己的队友，那么这两名应聘者就会被主考官叫出去，重新被蒙上眼睛。当然，这两名应聘者已经从名单中被除名了，因为联合利华像其他企业一样，需要诚实的人。

正式成为联合利华的员工中有80%的人都经历过类似看上去不是很重要的游戏。这不光是对应聘者的一种考核，更有利于企业根据员工的自然性为其分配工作岗位，给每个人以展示自己才华的机会。

留人心经

企业在招聘人才时，都希望应聘者能够将自己真实的一面展现出来，但这很不容易，企业还是需要花费大量的时间对员工的品德等进行考察。其实，企业在招聘人才时，可以从下面几个方面对人才进行考察。

——面试结构化

所谓面试结构化，就是人力资源管理者应该有针对性地对应聘者进行一些检测，将员工的忠诚度、个性、学识等方面归纳成若干条，让应聘者给出自己的答案。可以采取问卷的方式，也可以由面试主考官提问的方式。测评的规模和难易程度应该根据企业自身条件而异。但共同问题应该有以下几个：离职原因、对原公司的评价、对薪酬的期望等。

——合理利用小游戏

游戏虽然小，但是作用却非常大，上文中联合利华所采取的方法就比较适用。它不仅能够考察应聘者的协调、合作能力等，还能考察应聘者的自然性。但是游戏设计必须要合理，不能因为考察应聘者某方面的能力就将游戏设计成不合理的游戏，这样只会给应聘者留下不好的印象。

——对员工的自我认识进行考察

近年来，越来越多的企业开始注重员工对自我的认识，员工对自我的认识指的是员工对自己进行的人生规划或设计。这项考察是让员工通过对自我的了解，选择适合自己的工作和事业，将自己投身其中并且为之奋斗。只有这样目标明确的员工，才不可能人云亦云，不会轻易退却，也就能够在生产或者工作中发挥自己的主观能动性。

慧眼巧识应届毕业生

企业在人才市场招聘人才时，常常会无功而返，这主要是因为应聘者资料的真实性很难考证。于是，有很多企业就将目光投向了大学。这确实是一个不错的选择，因为在大学里一样有很多优秀的人才，而且相对于社会人士来说学生单纯、可塑性更强。更重要的是，此举能够大大降低招聘的费用，对企业来说，是一举两得的好事。

但有相当一部分企业人力资源负责人表示，他们不愿意从大学中招聘，一方面是考虑到大学生缺乏一定的工作经验，企业追求的是利润，更希望能招到上岗即能为公司创造利润的人才；另一方面企业培养一个大学生从能力低到出色，要花费大量的时间和精力，万一大学生有能力后另谋高就，对企业而言则是竹篮打水一场空。如此看来，不愿招应届毕业生也不是没有道理。

事实上，招聘大学生不仅是因为其可塑性强，对企业文化接受较快，而且还能避免同行业之间的竞争。假如企业招聘的不是应届大学生，而是长期往来于业界的熟练员工，就很容易引起同行业的竞争。虽然招聘大学生可能要花费大量的培训费用，但却能够形成自己想要的员工队伍，更能抢得行业发展先机。

1963年，大学毕业生比尔·鲍尔曼与同学菲尔·奈特一起在美国俄勒冈州创办了“蓝带体育用品公司”，主要经营体育用品。1972年，经过商议后，他们将蓝带公司更名为耐克公司。经过几十年的风风雨雨，耐克公司取得了辉煌的成就。在消费者的眼中，耐克卖的不仅是商品，更是一种文化。"Just do it" 是耐克文化的最好诠释。如今，耐克公司的生产销售遍布全球，雇员人数超过了2万人。与公司合作的供应商、托运商、零售商以及其他服务人员大约超过100万人，缔造出耐克传奇。

耐克公司一直提倡员工发挥出自己的才能，就像探险队员接受挑战一样，做到知难而上，并且让每个员工都充分享受这个过程的快乐。耐克公司对激发员工创意、挑战有着明确的规章制度和政策。

相比一些喜欢有经验员工的企业而言，耐克更喜欢富有激情的新鲜人。"多元化"是耐克人员构成的主要特征。耐克希望员工的年龄层次不同，背景不同，工作经历不同，来自不同的地方，只有"多元化"才能使耐克具有生命力。

虽然年长员工有丰富的经验，但耐克不会因为大学生缺乏经验和社会关系而忽略他们，相反，耐克认为大学生的创新能力、想象力、热情等特质都是耐克看中的，而且他们有很强的学习能力。大学生的加入给耐克注入了新鲜的血液。虽然耐克公司青睐于大学生，但这并不意味着每个人都符合耐克的要求。

耐克所要的大学生，一定要具备"最优秀"这3个字。耐克在考核大学生时，要求大学生要诚实正直，具备良好的语言沟通、协调能力，具有团队合作精神、创新精神等。但是最重要的还是应聘者都应该热爱运动，这是耐克公司最基本也是最重要的要求。耐克公司人力资源负责人说："耐克作为运动公司，热爱运动是不可或缺的条件。耐克崇尚变革创新，所以我们需要的员工一定要有丰富的想象力和创造力，同时，对自己永不满足。"等等，这些都是耐克用来衡量人才的标准。

正是因为聚集了这样一批优秀的人才，耐克公司在短短的几十年才取得了辉煌的成绩。因此，慧眼巧识应届毕业生，将他们培养成有利于企业发展的人才，是企业取得成功的一种途径。同时，这些应届大学生为报答企业的知遇之恩，一定会发挥自己全部的才能，为企业奉献自己的热情，书写出自己人生的美丽篇章。

留人心经

如今越来越多的企业采取了进大学校园招聘的做法。应该注意的是，招聘应届大学生应独具慧眼，如何将优秀的人才吸引到组织中来是至关重要的。因此，人力资源管理者应该做到以下几点。

——招聘之前做好相应准备

校园招聘与其他招聘一样，需要提前做好准备工作。人力资源管理者可以将本次招聘人才的要求制成一个面试表格，比如员工的积极性、教育水平、基本资料等，都可以列入表格考察的内容。

——选择恰当的学校

很多企业都将目光锁定在一些知名大学，认为从声望高的学校出来的学生比其他学校优秀。其实这个观点十分片面。很多企业通过招聘总结出一条经验，并非所有知名学校出来的人才都符合自己的要求，也不一定是最优秀的。比如，百事可乐公司招聘应届毕业生，往往是从一些二类院校中挑选出适合自己的人才，因为知名学校的学生通常自视过高，不愿意承担具体、繁杂的工作。

——先下手为强

如今，有的企业为了避开争夺毕业生源的矛盾，将目光投向了“准毕业生”，将有关自己公司的资料、卡片等邮寄给“准毕业生”们，或者组织优秀的在校大学生到自己的企业参观等。用这样的方法将那些优秀的人才锁定。

发挥网络招聘的优势

20世纪90年代，在我国一些发达城市悄然兴起网络招聘的方式，比如在北京、上海、广州等地，网络招聘就十分火暴。经过十几年的发展，网络招聘已经成为与传统媒体、人才交流会一样重要的招聘方式了。其最大优点，就是能够利用最短的时间，动用最小的人力，花费最少的金钱而找到合适的人才。

据一项调查显示，在我国，获取求职招聘信息的网民占了上网人数总额的25%左右。这说明网络招聘在我国已经深入人心了。较之传统招聘方式，网络招聘以其快捷、信息量大、耗费成本低等优势，受到了求职者的广泛欢迎。

宝洁公司是一家大型日用品生产商，更是全球最大的日用品公司之一。2008年，宝洁公司是世界上利润第十四大公司，世界上市值第六大公司，也是财富500强中第十大最受赞誉的公司。

宝洁不仅在产品开发方面一直保持着创新意识，在选择人才方面也同样具有创新意识。如何尽量少花费，又能快速找到适合自己的人才，这是宝洁公司一直关注的问题。

为了简化招聘程度，提高招聘效率，从2002年开始，宝洁公司进行了新的招聘尝试。即将原来的邮寄申请表改成网上申请，应聘者首先要从宝洁公司的网站上下载申请表格，然后将表格填好，再用电子邮件的方式将表格传回宝洁公司。

每年参加宝洁公司应聘的人非常多，有时候，同一个大学里的毕业生就可能会有上千人同时申请，而宝洁公司的人力资源管理者没有那么多时间与每一个申请者面谈。因此，利用表格的方式就可以帮助他们高质高效完成招聘工作。

上传的表格，宝洁公司会利用电脑进行筛选。通常情况下，电脑一天可以检查大约一千份申请表。如果简历被电脑筛选掉了，那么投递简历者是没有资格获得宝洁的面试入场券的。换言之，这次筛选也是宝洁的第一轮筛选。

很多人都怀疑这些表格是否真的会选中人才，会不会错误地将优秀人才筛选掉？其实，这个完全不用担心。宝洁的网上申请表是由宝洁总部设计的，这些表格都出自人力资源大师之手。表格上所涉及的内容基本上是宝洁公司考核的基础，这个表格在全球通用，并且在中国正式使用之前已经做过测试。

宝洁公司通过在中国的宝洁员工和高校中分别调查取样，同时参考了全球同类问卷调查的结果，从而确定了通过表格选拔的最低标准以及相对公正性。同时，表格上还有一些相对开放的问题，这些问题是为了让面试的经理有一个直观的参考。比如，表格上可能会有性格方面的测试。如果招聘的是销售职位，通过测试，一个性格容易退缩的人肯定会被“刷”下来。

为了确定表格在中国使用的准确性，宝洁公司做过这样一个测试：在公司进行校园招聘时，公司让几十名没有通过申请表的学生进入下一轮面试，并且，面试经理并不知道这些人是没有通过申请表筛选的，结果，这几十名同学没有一个通过面试。也就是说，没有通过表格筛选的人，没有一个被公司录用。

由此可见，宝洁公司的第一道筛选是非常科学而有效的。利用现代新兴媒体进行招聘，不仅为宝洁公司找到了合适的人才，更为宝洁公司节省了大量的人力、物力和财力。

留人心经

对相当一部分企业人力资源管理者来说，网络招聘已经占据着越来越重要的位置，很多企业会选择在一些招聘网站中发布自己的招聘信息。那么，发布招聘信息应该选择怎样的网站呢?

——信誉好的网站

如今,大大小小的招聘网站多得令人眼花缭乱,要利用这些网站,就要找信誉好的网站。对招聘网站来说,信誉是生存之本。信誉好的网站不仅会对应聘信息和招聘信息进行审核,还能删除那些过时的信息。网站信息的真实性直接影响着网站用户的招聘效率和效果。有的小网站为了提高网站点击率,随意在上面捏造一些公司的招聘职位,是非常不负责任的。

因此,企业在选择招聘网站时一定要避免选用这些信誉不好的网站,否则不仅收不到理想的效果,还有可能破坏企业自身的形象。

——服务优质的网站

招聘网站的竞争日益激烈,因此,很多网站都打起了服务站。很多网站会根据客户的要求帮助客户组合产品,以最小的代价获得最大的收益。假如企业刊登的职位收到的简历比较少,那么网站会帮助企业重新设置招聘定位,帮助客户解决问题。但是一些服务质量不过关的网站,收取了客户的费用以后,对客户招聘的收效却不管不问,因此,企业一定要选择服务优质的网站。

——功能强大有特色的网站

尽管招聘网站非常多,但总的来说都大同小异。但是,也有一部分网站相对做得好一些,它们的一些个性化设置非常有吸引力,比如自动搜索功能、自动推荐功能、网上推荐人等服务。有的网站甚至推出一些个人或者企业增值服务,帮助客户节省时间、提高招聘效率。

借助猎头公司的力量

几年前，提起猎头这个词，知道的人还很少，然而最近几年，我国的职业经理人市场日趋成熟，促使猎头行业发展迅猛。在国外，猎头被称为Headhunting，这是一种非常流行的招聘方式，猎头公司就是为企业寻找一些高级管理人员或者高级技术人员的社会机构。

猎头公司寻找人才的方法与普通的人才交流中心有所不同。普通人才交流中心一般坐等人才上门，而猎头公司则采取隐蔽猎取、快速出击的主动方式，为所需高级人才的客户猎取公司在人才市场得不到的高级人才。

不仅如此，猎头公司还将“猎物”进行详细划分。有的猎头公司只做中高端的猎头服务，比如举荐总裁、副总裁、总经理、副总经理等，一般不做像人才市场一类的“蓝领”人才或者是基础人才的服务。但是，随着市场竞争日益激烈，猎头公司的猎物面也发生了变化，比如，有的猎头公司就专门为医药行业招聘医学高端人才。同时，猎头公司还建立起自己专门的人才库。因此，通过猎头公司招聘人才成功率比较高。但值得注意的是，猎头公司的收费比较高，目前市场价格为人才年薪的30%～50%。

每个国家都为自己的知名企业感到骄傲。但是，支撑名牌企业的主要力量，毫无疑问就是“人才”，因此，招聘到适合企业的高素质人才历来就是每个企业追求的目标。

虽然招聘人才的方法很多，但有的时候，企业耗费了大量的人力物力招聘到的人才却不尽人意。在这种情况下，很多企业选择通过猎头寻找自己想要的人才，虽然为此付出的代价不小，可专业人士表示，高素质人才给企业带来的效益远远大于企业寻找人才的花费。

青岛某金融公司已经成立了20年，发展速度比较快。但国内经济形势发生了变化，金融公司业务范围也发生了很大变化。为了适应新业务的需要，公司经过研究决定招聘一位高素质的金融人才作为新业务的“掌舵人”。

但是，如何寻找这位“掌舵人”却成为该公司面临的难题。该公司通过网络招聘等多种方式几次招聘未果。无奈之下，在他人的建议下找到了一家猎头公司，在猎头公司的帮助下，该公司花费了一部分金钱，却找到了一位满意的新业务“掌舵人”。

在这位新“掌舵人”的带领下，公司的新业务发展蒸蒸日上。

成功企业正是运用了猎头公司掌握了丰富的人力资源，从而为自己的企业找到核心人才，而核心人才对企业的发展具有重大的战略意义。

留人心经

选择一个好的猎头公司，能够为企业寻找到核心人才，给企业带来很多好处。而选择一个不好的猎头公司，很有可能给自己带来一些麻烦。那么，企业应该如何选择猎头公司呢?

——选择拥有一定数量顾问的公司

猎头公司是掌握人力资源的公司，从某种程度上来讲，顾问的数量能够代表公司的规模和业务覆盖面的大小。不要轻易相信一家小猎头公司，那种业务范围不广的猎头公司怎么可能为企业找到具有战略意义的核心人才呢?

——选择猎头顾问素质高的公司

一般来说，猎头顾问知识面应该比较广，即使不能算学富五车，至少也应该是个“杂家”。假如企业找到一家猎头公司，顾问告诉你：“我对这个也不怎么了解。”那么一定要立即离开这家猎头公司。因为作为一个猎头顾问，起码应该拥有各种相关的知识。

——选择拥有人才数据库的公司

判断一个猎头公司实力的大小，最过硬的指标就是看它是否拥有一个功能强大的人才数据库。如果一家猎头公司将自己吹得天花乱坠，那么就请它拿出公司的人才数据库，如果拿不出，那就能够断定这家公司并不像它自己吹得那么专业，此时，最好是去寻找其他的猎头公司。同时要注意猎头公司的职业道德和信誉，看看他们是否为客户保守秘密，否则，一旦企业秘密被泄露，企业可能会在激烈的商战中一败涂地。

严格面试，筛选德才兼备者

美国加州工业心理学家戴维森曾经说过："招聘费劲些，管理就容易。"这句话十分有道理。不管用怎样独特的招聘方法，最后也总是免不了要面试。面试的主要目的就是考察应聘者是否具备职位任职资格，因此，面试十分重要。

即使简历写得再好，应聘者为企业提供了再多的个人信息、资料等，都不如人力资源管理者亲眼一见。俗话说得好："耳听为虚，眼见为实。"所有的信息都应该经过加工后，完整展现在人力资源管理者面前。并且，面对面的交流，能够给双方一个展现自己的机会，有助于应聘者对企业有进一步的了解，也有利于人力资源管理者加深对应聘者的了解。

美国西南航空（Southwest Airlines）于1971年6月18日，由罗林·金和赫伯·凯莱赫共同创建，其总部位于美国得克萨斯州达拉斯。经过多年的发展，西南航空公司已经成为美国国内通航城市最多的航空公司。假如单单以载客量来计算，那它可以算得上是美国第二大航空公司，也是美国自1973年以来唯一一家连续赢利的航空公司。

取得如此辉煌成绩的西南航空公司，在招聘面试方面有着自己独特的做法。由于西南航空公司在美国国内口碑非常好，因此，当已经拥有了22000名员工的西南航空公司预计再招收4500名新员工时，报名者超过了15000人。何西等招聘负责人要从这些报名者中挑出适合西南航空公司工作的少数杰出人才，这个工作显然十分艰巨。

现在，坐在他面前的有13位年轻女性和3位男性，何西不是想知道他们具备什么样的经验，而是想从他们身上挖掘出一些独特的东西，比如幽默、信心、活力等。因为只有这样的人，才最能体现出西南航空公司的企业文化。

考试很快开始了，何西将一份“个人标志”问卷发给每个人，让他们填写好以后，再朗读出来。问卷有这样一些问题，比如“我的幽默感给过我帮助的一次经历是……”“我的个人座右铭是……”“我曾经达到的一次业绩巅峰状态是……”等等。有一部分人给出的回答十分平庸，而另一部分人的回答却令何西非常欣赏。例如，有一位女性用“精干”来形容自己，当听到这句话时，大家都笑了，只有何西觉得她的回答耐人寻味；还有一位男士的座右铭是“我能控制任何情况”，虽然很多人认为这是在说大话，但在何西的眼中，这样的人才是有信念、有自信的人，也正是西南航空公司要找的人。

经过一系列考试之后，最激烈、最具启发性的环节到来了，这是一个叫做“防空洞”的集体项目。在这个考核中，应聘者被假扮为某委员会成员，任务是在核战争爆发后重建文明。每个人扮演一个职业，有教师、护士、运动员、生化学家、流行歌手等，经过15个人的决策，只有7个人能够躲进防空洞，而另外7个人失去了继续生存的机会。在这个考试过程中，考官们在旁边观察着每个人的表现，并对他们打出合理、公平的分数。

结束这个面试以后，何西选出了自己想要的4个人进行深层次的面试。对何西来说，这是个不错的消息，很多时候，一轮面试下来，他连一个能够被邀请参加深层次面试的人都没有。这4个人当中，就有上面提到的男士和女士，“精干”的女士是一个活跃但不高傲的人，而男士在危难时显示出的镇定自若、主见性强，都令考官们十分欣赏。

几乎每个企业管理者都知道，只有杰出的团队才能创建出色的企业。但是，真正能够做到西南航空公司这样在招聘时一丝不苟，不害怕复杂、麻烦，像检查新电脑系统一样严格、仔细的企业有多少呢？西南航空公司的面试给人留下了非常深刻的印象。通过独特、严格的面试，西南航空公司找到了更多、更适合自己的人才。

留人心经

面试是招聘人才的最后一道程序，也是招聘最重要的一个环节。要想找到适合本企业的人才，人力资源管理者就一定要在面试上不惜花费更多的力气。那么，在面试组织中一定要注意哪些方面的问题呢？

——考官具备专业素质

面试时考官非常重要，不仅是因为他需要对人才进行审核，还是因为他代表着公司的形象。因此，人力资源部门一旦确定了负责面试的考官名单，就应该对这些人进行培训，让其具备面试的各项素质，掌握面试的内容、方法等。为此，企业最好建立一个面试考官资格管理制度，只有具备这个资格的人才能担任面试考官。

——整理、阅读应聘者材料

在面试之前，考官应该对面试者有一个比较全面的了解。因此，考官在面试之前整理、阅读应聘者的资料非常重要。这样做的主要目的是为了收集到应聘者的有效信息，包括应聘者应聘的日期、求职信、个人情况、籍贯、年龄性别等，经过一番了解，想必考官心里已经有了一个比较明朗的看法。

——面试前制定面试方案

在组织应聘者面试前，人力资源管理者应该制定出一个面试实施的方案，这样才能保障面试工作有序、有组织地进行。面试方案应该包括面试的领导者、考评的组成人员、面试场所、时间以及其他一些相关工作。

——选择、布置考场

可以说，考场对面试来说也十分重要，对测评的结果是有一定影响的。所以，在人力资源管理者选择面试场所时，一定要按照面试的要求来选择、设置考场。如果公司地址比较偏僻的话，那么公司可以选择交通便利的宾馆或者咖啡馆等；如果是挑选高层职位的人才，最好是选择咖啡馆，而不是办公室。假如背后有阳光，主考官应该背对阳光而应聘者面对阳光。还有，在面试时应该向应聘者提供茶水，但尽量不要提供食物。

把握招聘面试的STAR原则

在这里，首先应该明确一下STAR原则的概念。STAR是Situation（背景）、Task（任务）、Action（行动）和Result（结果）四个单词的首字母组合，也是人力资源管理者在面试过程中应该把握的一项重要原则。

一般情况下，面试的时间非常短。人力资源管理者拿到手上的材料内容非常简单，大多数都是泛泛而谈。比如应聘者只是写了一些事情的结果，自己曾做过什么，受过什么样的教育，而面试的主考官想要知道的远远不止这些内容，他们更注重过程而不是结果。因此，对主考官而言，这就是双方之间的一场攻守战斗，如何在短暂的时间内了解应聘者的更多信息，是招聘是否成功的关键。

比尔·盖茨曾经说过："没有人才，微软将什么都不是。"可见人才在微软的重要性。而李先生，则亲身经历了微软的考核，并且顺利成为微软的一员。

李先生从小学习成绩优异，但不幸高考失误，进入了一所普通大学。但他并不气馁，将自己的人生目标定在一流公司。因此，在学校时，李先生年年获得奖学金，还获得过全国大学生英语竞赛三等奖，托福考了600多分。在应聘微软之前，李先生已经拿到了两家外企的Offer，但他的目标却放在了微软，因为他考试拿到了MCSE微软认证的系统工程师证书。

2008年6月，李先生在学校公告栏上看到微软亚洲技术中心将于本月某日在复旦大学举行校园招聘会的消息，立即做了应聘准备。招聘会当天下午，李先生就赶到了招聘地点。

下午4点，笔试开始，对李先生而言，笔试并不难，他回答得十分顺利，甚至提前交卷出去，5分钟后，李先生就拿到了进入下一关的名额。之后，李先生又参加了几关考试，但都是专业方面的问题，基本上都是口答，主考官们对李先生的反应能力也十分满意。

前几轮面试结束后，李先生见到了两位部门经理级的面试官。开始的时候，李先生向他们作了自我介绍和评价，李先生的自信打动了面试官，于是他们问李先生："你见过的最大的影子是什么？"李先生不假思索地回答："我见到的最大的影子是黑夜。"他们对李先生的回答很好奇，于是问："为什么？"李先生解释道："因为黑夜是地球的影子。"这个回答让两位面试官十分满意。后来，面试官问李先生："你托福考了600分，是不是准备出国？"李先生说："没有，我只是想通过竞赛和考试取得好成绩，证明自己的能力，确立自信心。"

就这样，李先生顺利进入了第8关面试，面试官是位美国人，双方交流的语言为英语。谈话内容十分广泛，不仅有工作，还有学习、生活、兴趣等，主考官问了一些考察李先生眼界的问题，还问了他认为自己身上最大的优点是什么，李先生回答说是"激情"，这正好符合微软所提倡的精神。之后，主考官还扮作被激怒的客户来考验李先生的反应能力。李先生的英语口语能力及表现令考官十分满意。

最后一关，李先生见到了他的主考官唐骏。唐骏的问题分为两类，一类是技术问题，另一类则主要考察应聘者各方面能力。突然，唐骏拿起桌上的手机递给李先生，让他在3分钟之内推销这部手机。李先生反应很快，在2分钟内介绍了手机的功能，用1分钟说明了这么介绍的原因。

整个过程，唐骏的表情十分平静，李先生从他的脸上看不出任何答案。提问结束后，唐骏问李先生想不想知道答案。李先生说："当然想。"唐骏笑了，说："恭喜你被微软录取了。我会给你股票，你的月薪是X千元人民币。"

得到结果的李先生非常高兴，因为月薪和福利待遇远远超过了自己的意料。唐骏在报名表上签下自己的名字之后，语气坚定地说："我的签名具有法律效力。”李先生高兴地拿着报名表离开了。他看了看表，已经是晚上10点了，从下午4点到应聘结束，花了整整6个小时！闯过9道雄关的他，终于进入了微软，他下定决心要留在微软书写出自己的人生新篇章。

微软在进行人才考核时的一丝不苟让人们明白了，为什么微软能够在短短几十年间迅速发展壮大。原因就在于其面试的技巧性、针对性非常强，只要是合适、最有创造力的人才，都值得微软花大量的金钱和优越条件将其留住。

留人心经

把握招聘的STAR原则十分重要。那么，人力资源管理者们如何在实践中应用此原则呢？

——Situation（背景）的应用

假如企业需要招聘一名销售人员，刚好有位应聘者的简历上写出自己曾经获得过销售冠军，某年业绩超过百万元等。人力资源管理者当然不能仅凭这份简历就认为此人是优秀的销售人员。这时候，人力资源管理者就应该运用Situation（背景）原则，考虑到他原来销售产品的行业、市场需求、销售渠道、利润等问题，通过不断向应聘者询问，就能够了解到这份业绩是单靠他个人，还是在团体的作用下取得的。这样，人力资源管理者就能够对其有一个大概的把握。

——Task（任务）的应用

为了解应聘者是怎么样完成任务的，每项具体内容又是怎么样的，可以运用Task（任务）原则，通过了解应聘者的工作经历和经验等，来确定他在进入企业后能否顺利担当此项工作。

——Action（行动）的应用

Action（行动）原则是用于了解应聘者是如何完成工作的，即他为了完成这项工作，到底采取了哪些行动，这些行动有多少为其完成工作提供了帮助。人力资源管理者只有了解了这些内容，才能够推测应聘者的行为和思维方式，这也是了解的一个重点。

——Result（结果）的应用

在任务完成之后，必然会有一个结果，或者是好，或者是坏。这个时候，人力资源管理者就应该了解好的结果是因为什么，坏的结果是因为什么。

只有通过这四个步骤，才能一步步深入了解应聘者的能力，才能找到合适的人才。

经卷 2

Jingjuan

留才要有道

制定科学的内部晋升制度

给员工提升的机会，是企业内部选拔人才和激励人才的最好方式。一方面，内部选拔能够强化员工的工作动机，也会提高员工对组织的承诺。尤其是选拔管理层的人员，更能带动一批人晋升，很大程度上能够鼓舞员工的士气。另一方面，内部晋升也是防止人才流失的一种好办法。

一个优秀人才长时间待在一个企业内，却没有得到任何晋升机会，不能满足其内心深处对成就感的需要。经过长时间积累，看到晋升无望，他肯定会选择另一个公司来实现自己心中的愿望，实现自己的人生价值。很多公司都已经认识到这个问题的严重性，于是特别注重从内部选拔人才，尤其是选拔公司的管理者，甚至是高层管理者。

据一项调查显示，有2/3的人离开原来的企业都不单纯是因为工资低，从他们个人原因来讲，求得个人更大的发展空间才是他们选择离开的理由。这其中绝大部分人都是因为对自己的前途不满或者得不到升迁机会而离开公司的。因此，所有的企业都应该重视内部晋升制度。

1883年，PPG工业公司在美国匹兹堡建立起来了，主要生产经营涂料、玻璃纤维、玻璃以及化学品，其生产的产品在世界同行业中居领先地位。目前，PPG工业公司在全球21个国家设有100多家工厂和科研机构，全球雇员人数超过3万，并且连续51年获得《财富》500强殊荣。2004年，《财富》杂志将PPG工业公司评为全球最受称美的化学品公司。

在中国，PPG在天津、昆山、苏州、淄博等地拥有七家工厂。为了招聘到优秀人才，PPG中国区副总裁的任务很重要，而且，他更需要做好的是另外一件事：让已经进入公司的优秀人才不再流失掉。PPG知道，找到一个优秀的人才不容易，留住人才更不容易。为了留住已有的优秀人才，PPG推出了内部招聘系统，鼓励员工在企业内部“跳槽”。也正是因为有这个制度，很多优秀员工愿意留在PPG工作。

PPG原来也没有想到使用这个制度。面对人才日益流失的局面，PPG人力资源部门进行了调查，结果发现，很少离职者是因为更高的薪酬而离开PPG的，大多数离职者都是因为对工作发展或者是对自己的上司不满意。因此，PPG才想出了这样的一个内部招聘的制度来留住人才。

每当PPG内部有职位空缺的时候，其内部招聘系统就会展示出对这个职位的要求，先在公司内部进行招聘，如果实在是没有人应聘的话，公司才会在外面进行普通招聘。只要在PPG工作了一年以上的员工，都可以参与到内部职位的申请中。如果是平级调动，即使是原来岗位上的主管反对，员工也依然可以自由调动。这样做就是为了防止优秀员工因为与上司不合而跳槽。

除此之外，PPG还给员工在公司内部实现职业转型的机会。比如有些人做了几年销售，又转行做管理，并且有一部分人做得很出色。在大多数公司，如果你原来做销售经理，留给你的晋升机会也只有销售总监，平级调到其他岗位上是不太现实的事。但是，在PPG，这一切都可以变成现实。PPG允许员工作出自己的选择，它相信员工很清楚自己在做什么，自己要的是什么，当他下决心调到另一个部门工作时，一定是已经做好了相关、充足的准备，PPG又为什么不能给自己的人才提供这样一个机会呢？

PPG这个内部晋升、跳槽制度，不仅给员工的职位提供了更多上升空间，还大大提高了员工的忠诚度，降低了人才的流动性。

PPG工业公司利用合理、科学的内部晋升制度实现了员工与企业的双赢，仅仅用少量的转制成本，就留住了大量的优秀人才。这也反映了PPG在人事安排上的简单性、公正性及科学性。

留人心经

晋升是每个员工都盼望的。如果企业没有为员工提供晋升机会，那么员工士气、人心等都会十分低落。因此，为了使企业的正常运作不被打乱，留住优秀员工，企业应该为员工建立起合理公正的内部晋升制度。一般说来，职位晋升有以下几种方法。

——职位阶梯

所谓职位阶梯，指的是一种职位序列，它将职位按照渐进的顺序列出来，包括职位的薪水、头衔、所需能力、培养、经验等这些能够区分职位的不同方面。人力资源管理者可以参照职位阶梯上的不同标准，给员工水平或者垂直晋升的机会，这也是决定员工是否能够晋升的一种依据。

——职位竞聘

职位竞聘顾名思义就是允许所有的员工以公平竞争的方式申请晋升的机会。这样做的好处就在于增强了员工工作的动力，并且相对较为公正地产生晋升人选。但是，这样做也有一定的弊端，员工不仅要花费大量的时间写文字以及为晋升做准备，上司也要花费大量的时间作出公正的判断，排除不合格人选。

——职位调整

有些员工十分优秀，但是在企业内部晋升的空间却相对较小，如果任其发展置之不理的话，人才必然会逐渐流失。因此，人力资源管理者要从这些人中选出一些晋升候选人，而不是专门考虑其他一些资历较深的员工。随着市场经济的发展，很多企业没有注意到这方面的细节，导致人才流失。所以，合理的职位调整能够有效降低人才流失率。

——职业通道

对一个员工来说，在职场上最需要的或许就是职业通道。职业通道是员工的职业发展计划，将这个计划实现是很多员工的梦想，每个员工都会为之努力奋斗。如果企业能够参与员工职业通道的规划，那么员工对企业的依赖感、归属感肯定会更强烈。在实行职业通道计划的过程中，很多公司都会采取表格的方式，记录下每个员工目前的职位、薪酬等，然后设定出员工下一个奋斗目标，比如员工的经验、学历等。一旦员工的各项指标达到了，就可以成为让员工晋升的依据，这种做法值得很多公司借鉴。

用细节甄别人才

西方有句谚语说得好："细节之中藏有魔鬼""细节决定成败"。相信很多人力资源管理者都听说过"蝴蝶效应"：在亚马逊的热带丛林中，一只小小的蝴蝶扇动一下翅膀，就会引起美国得克萨斯州的一场龙卷风。这深刻说明了"失之毫厘，谬以千里"，也正因为如此，人力资源管理者在甄别人才时，从细节入手，往往能够选出真正优秀的人才。

要知道，一个能够把细节做到完美的人，一定是一个凡事都追求完美、追求极致的人。这样的人有一颗细腻、奋斗的心，在追求的过程中，会尽自己最大的努力将任务完成到最好。他们还懂得知恩图报。这样的人，是值得人力资源管理者花费时间和精力培养并留住的。

提起美国标准石油公司，相信很多人都知道。1870年，洛克菲勒在美国俄亥俄州建立起了股份制的标准石油公司，主要产品就是生产令顾客信任的石油。标准石油公司的出现，打破了宾夕法尼亚石油市场的混乱秩序。直到1879年，在短短的9年时间里，洛克菲勒的标准石油公司已经控制了全美90%的炼油业。到19世纪70年代和80年代，美国出口的煤油等90%都经过标准石油公司之手，洛克菲勒也成为了名副其实的"石油大王"。1911年，美国政府将标准石油公司列为反托拉斯的头号目标，标准石油公司被迫分解为34个独立公司。现在的埃克森石油公司就是其后裔。

这样一家大型石油公司到底聚集了多少人才？恐怕没有人能够知道确切的数目。但是，标准石油公司的第二任总裁阿基勃特原来只是一个小职员。那么，石油大王洛克菲勒又是怎么相中这个小职员并使其成为自己的接班人的呢?

当时的阿基勃特只是标准石油公司一名推销员，但是他工作十分踏实认真，对自己是标准石油公司的一员感到非常骄傲。当时，阿基勃特有一个有意思的绰号“每桶4美元”，这个绰号是有来历的。

原来，阿基勃特只要有签名的机会，就会签下：“每桶4美元的标准石油。”比如，当他去旅馆投宿时，他签下自己的名字后，就会在旁边写上一句“每桶4美元的标准石油”；如果他邮寄卡片等，也会在签名的地方写下“每桶4美元的标准石油”，只要是签字就是这句话。后来，别人干脆不叫他的名字了，直接叫他“每桶4美元”。他也乐得高兴，再签名的时候也不写自己的名字了，直接写上“每桶4美元”。

后来，洛克菲勒听说了这件事，觉得非常好奇，这个员工为什么要这么做呢?于是，洛克菲勒邀请阿基勃特共进晚餐，在吃饭的时候，洛克菲勒问阿基勃特为什么要这么做，出于什么目的。阿基勃特回答：“我这么做只是为了让更多的人知道标准石油公司的石油物美价廉。即使别人不需要石油，但是我每多写一个，知道标准石油的人就多一个，我们也就多了一个潜在客户。”

阿基勃特的话令洛克菲勒非常感动。眼前的这个小推销员虽然没有高职位，但是他对工作认真负责，时时刻刻想到为公司多作一点贡献，哪怕只是多签一行字，他都能想到。这样的人不正是自己需要的吗?

洛克菲勒开始着意培养阿基勃特。几年后，洛克菲勒卸任了，他没有选择自己的儿子接替自己的职位，而是选择了阿基勃特。这个任命令所有的人感到意外，包括阿基勃特。但事实证明，阿基勃特没有让洛克菲勒失望，他带领着标准石油公司发展得比以前更强大。

对细节关注程度高，对事情洞察入微，时时刻刻为公司着想的员工，一定是最适合公司的员工。只有这样的人越多，公司的发展才能越强大。洛克菲勒慧眼甄别人才，向所有的人证明了自己选择人才的能力。

留人心经

严谨的工作态度是保证工作质量最重要的因素。对一个企业来说，只有每个员工将自己手上的工作尽职尽责做好了，才能使企业的发展道路越走越宽。因此，人力资源管理者可以通过一些细节，来发现、甄别优秀人才。

——注重员工工作中的细节

每个员工都应该保持工作没有最好，只有更好的态度。人力资源管理者可以看看，哪些员工将生活中的“差不多”、“随便”、“无所谓”等态度带到工作中去，这些态度，或多或少会给工作带来影响或损失。要知道，优秀员工和普通员工的差别就在于他们对待问题的细节上。那些认真对待工作，注重细节，没有半点敷衍心态的员工，才是真正优秀的员工。

——考察员工做事是否全面周到

细节到位，才是真正的到位。老子曰：“天下难事，必成于易；天下大事，必做于细。”每个优秀员工在工作中，都会对自己高标准严要求，不怕困难，不怕麻烦。只有对工作中的大小事都全面把握，才能造就完美。因而这样的员工才值得企业花费精力和金钱留下。

——用小事考验员工

有时候人力资源管理者希望通过细节甄选出优秀员工。其实方法很简单，管理者可以给员工布置一些细小、烦琐的工作，考验员工是否能够将它完成好。现在很多员工对于领导派给自己小任务而感到委屈，觉得自己被人吆来喝去，完成任务时也不用心，这样的员工是不值得继续留下重用的。

用排序法识别优秀人才

如何识别优秀员工是每个企业人力资源管理者不断探索的问题。关于这个问题业界也提出了很多种方法。比较常见的是“评分法”。这种方法与学校的管理差不多，管理者通过一个个指标对员工的表现进行评分。这个方法操作并不是很复杂，但是存在着一定的弊端。由于打分带有主观性，所以经常出现多数员工的分数过于集中的情况。比如，好几个员工的分数都可能集中在80～90分。如此一来，对员工的区分度严重不够，很难真正区分出优秀人才，难以达到人力资源评选优秀员工的目的。

在这里向广大人力资源管理者推荐一种新的排序法。这种方法是通过对比的手段来评价员工的业绩，用业绩比较业绩，将得到的结果对应员工本人，按顺序来评价员工。其最大的好处就是简单、易操作。

1918年，松下幸之助创立了松下公司。成立初期的松下公司规模非常小，因此，松下对雇员的要求并不高。虽然一些成绩优异的大学毕业生不愿意到松下工作，但松下幸之助似乎也并不喜欢他们来松下工作，因为对那时候的松下公司而言，这些人才来到松下公司并没有适合他们的岗位。

后来，松下公司逐步发展壮大。1927年，松下幸之助才开始在专门的学校网罗人才，此时松下公司已经成立了9年，才第一次任用大学毕业生。很多人都觉得松下幸之助这种做法实在是太愚蠢了，花着高昂的代价却雇佣两名大学生在自己的公司做一些杂事。

其实，松下幸之助的想法与别人完全不一样。他的公司雇员水平都不高，时间长了大家对工作的感觉非常平淡，长期下去，肯定会有人觉得疲倦。在这种状态下工作，又怎么能够将工作做好呢？因此，他请来两名大学生，是为了将公司的人事制度作一些改变。

在能力机构的帮助下，公司重新建立了人员审核模式。松下公司建立了专门的资格制度和任聘制度。员工只有经过了资格考试，业绩达到了一定的标准，公司才会考虑给予提升，如果连考试都没有合格，是不予考虑的。这样，员工的工作效率大大提高了。公正、公开的竞赛让每个员工都希望留在公司以实现自己的价值。

另外，松下公司规定，公司的年销售额不能低于46000万日元。平均算下来，每个产品的平均售价为2.3万日元，那么每个部门都要超过自己的限度完成这一目标。员工晋升的标准也是由业绩来决定的，业绩排在第一的肯定比业绩排在后面的优先获得晋升机会。假如某个员工业绩突出，被晋升为部长，那他一下子就能获得比同时入厂的其他员工高好几倍的工资。按业绩晋升，让每个人都觉得自己的付出是值得的。

假如员工没有完成业绩目标，则极有可能获得降职处分。这种排序方法不仅能够使人事制度适应企业的发展需要，也对那些富于挑战精神的优秀员工产生了强大的吸引力。

由此，我们不得不佩服松下幸之助的高瞻远瞩，也能够明白为什么那么多优秀人才愿意留在松下公司，为公司尽自己最大的努力。当员工在企业被冠以“优秀人才”的标签时，不论从物质上还是精神上都是莫大的安慰，他们当然不会选择离开公司。

留人心经

虽然排序法具有很多优点，比如开发实施的成本很低、简单等，能够很好地对人才进行甄别，但是事物都有它的两面性，排序法也有一定的缺点。人力资源管理者应该在运用排序法之前，了解排序法有哪些缺点。

——不能有效指导员工的行为

排序法是一种对员工绩效进行排序的行为，因此，它并不能有效指导员工的行为，排序的结果不能直观告诉员工需要在哪一方面有所改进。但是前面提到的“打分法”则不同，它能够直接让员工看到自己得分最低的项目是哪个，然后有针对性地改正自己的行为。

——无法显示不同工作员工的成绩

排序法只能有效针对同种职业的员工，比如都是技术员，或者都是财务人员，也或者都是销售人员。想要让销售人员与技术人员在一起比较的话，就无从下手了。这也是排序法的另外一个缺点。在这种情况下，人力资源管理者就应该根据自己的经验，不断调整排序的积分权重或者是加分权重。

完善绩效管理体系

随着市场经济形势不断变化，绩效管理已经成为一种非常流行的管理模式了。不论是跨国企业还是中小企业，都纷纷采取绩效管理的方式。其中有一部分企业在绩效管理方面做得非常突出，而且取得了不菲的成绩；而另一部分企业，则对绩效管理的理解不是很透彻，断章取义地将绩效管理当做是一种单纯的惩罚或奖赏的工具，这是不利于企业进行人力资源管理的。

其实，一个完整的绩效管理体系是一种动态的体系，并不是打着绩效管理的名号而对其实质十分轻视。完整的绩效管理体系应该包括管理流程、实施方法、监督控制以及激励等方面。好的绩效管理往往能给人力资源管理者的工作带来很多便利，更重要的是能为企业留住更多的优秀人才。

1992 年，博能顾问公司成立了，它是一家专门从事综合性市场营销解决方案的咨询机构。公司有 50 多位员工，但是真正让公司做大做强的却是一种全新的管理理念，那就是 MBO 评估。MBO 指的是 Management By Object，即目标管理，被评估的对象为公司的全体员工。

MBO 思想是博能总裁张伟嘉 1996 年加入博能时从美国带回来的。在他看来，每个公司都有一套业务目标，但是这个目标具体应该怎么实现，并没有理论方法。于是公司的管理层就通过 MBO 体系，将公司的整体目标划分到底下的各个部门，然后再分解到组，再分解到个人。这样，每个人的目标完成了，就意味着部门的目标完成了，自然而然公司的目标也就完成了。

一开始，公司的员工并不理解 MBO 的实质，但一段时间后，他们感到心悦诚服。因为这个方法不仅对公司有利，对员工个人也很有利。它让员工学会了将大目标细分为小目标，然后每天将这些小目标落实，也就完成了大目标。

其实，博能考核的目的很简单，主要是想提高整体业绩水平；其次就是使优秀人才从众人中脱颖而出。博能有一个很正规的“三联式”MBO计划书，每个员工每个月都要跟自己的主管进行沟通，最后确定下自己的目标，由员工、主管以及人力资源部各执一份。MBO的评估与当月工资直接挂钩。如果员工将MBO所列的各项目标都完成了，那么他将得到相当于月工资40%的奖金。

另外，博能的MBO是可以量化的。在博能，一个员工这个月完成了整个年度目标的10%，那么下个月就应该争取做到15%。这样一来，虽然每个人的工作都不一样，但都能够评估出每个人的工作是否完成。

假如一个员工尽了最大努力，但因为种种原因导致MBO值不理想，员工的心里肯定十分失落。这时候，博能的管理者会与其进行充分沟通，并且帮助他展望未来，在他奋斗努力的过程中给予帮助。

比如，博能的某职员负责一个公关客户，为了维护这个客户，也许这个月要对其进行10次访问，还要拜访一些媒体、打电话、发传真等等。显然，这些工作在MBO中都没有提到，那么这时候管理者就会有新的办法，他们只看客户对服务质量的评价。也就是说，假如客户不认可这位员工的劳动，那么他就等于什么都没有做。假如不幸遭到客户投诉，即使员工工作再辛苦，他的这项工作的绩效仍然是零。这个结局会让员工很不舒服，但他会接受这个结果，因为整个系统他都参与了，他也认可这种价值体系。

这就是博能的成功秘诀，他们将MBO管理模式当成一个基础，每个博能人都必须认可这种价值观。在这种情况下，博能有效区分了优秀人才与普通人才，对员工的管理也就更加方便了。公平、公正的模式，让每个人才都乐于留在博能，书写出自己的职业人生。

留人心经

看了上面的介绍，相信很多人力资源管理者都对完整的绩效管理带来的好处有了一个深入的了解，有很多人都在想着如何完善企业的绩效管理体系。一般来说，设计一个完整的企业绩效管理体系要经过以下六个阶段：

——准备

有句话说得好："不打无准备之仗。"因此，在设计完善绩效管理制度之前，应该先做一番准备。在准备阶段应该完成四项任务，即理论学习、现状调查、宣传舆论、组建项目小组。这四项准备都是不可或缺的，只有将这四个阶段中的每一个阶段都完成好，才算是整个准备阶段已经完成。

——职位分析

进行职位分析很有必要，它是实行绩效管理的基础。很多人都觉得职位分析与绩效管理联系不大，事实上，在绩效管理的过程中，绩效目标的设定等都需要与员工的职位挂钩。只有立足于职位的基础上，才能将绩效考核的作用真正发挥出来。因此，在没有将每个职位作出详细分析之前，先不要着急将实施绩效管理的方案拿出来，那样只会适得其反。

——流程设计

当对企业所有职位分析完以后，人力资源管理者就可以正式开始对绩效管理进行设计了。设计流程十分重要，能够帮助企业有效实施方案，并且将一些可能会发生的事情预测出来。这样就有利于管理者将一切绩效活动会产生的可能都放在控制范围内，避免出现更多的意外状况。

——角色确定

当所有的方案、流程都设计出来以后，必须要有一定的人员来执行，每个人在组织中都应该担任不同的责任和角色。一般来说，企业老总应该参与到整个绩效管理体系的构建与完善中去，同时应该给予整个活动充分的支持；而人力资源部的工作则是承担着组织、执行的角色；各级部门经理起着承上启下的作用；员工们则是绩效管理的终端，也是绩效的主人，拥有并产生着绩效。

——方案实施

将前面所有的工作都完成以后，接下来要做的就是将这些方案一一实施，根据责任分工的原则，将任务分派出去，将一年作为一个循环周期，让企业有计划地将绩效管理一步步实施开，在实践中检验流程的科学性。

——诊断与提高

没有人敢保证自己制定出来的方案是十全十美的。因为十全十美并没有一个硬性的判断标准，所以，任何企业制定出的绩效管理方案都应该在实践过程中进行改进和完善。因此，绩效考评并不代表着一个周期的结束，而是一个新周期的开始。在开始下一个周期前，应先从上一个周期中吸取经验教训，及时调整并提高绩效管理的效率，然后再开始新的周期。

选拔比自己能力更强的人才

几乎在每个企业都有能力很突出的员工，但是，企业管理者对待这些员工的态度却千差万别。也正是由于管理者态度的不同，每个企业的命运也有所不同。那些能够欣赏下属比自己能力强的企业管理者往往将企业越做越大；而那些对能力比自己强的员工恨之入骨的企业管理者，将会面临着大量人才流失，最终将企业带入歧途。

因此，管理者要学会任用比自己能力强的员工。其实，发现员工身上的"闪光点"也是作为管理者的职责之一。美国的钢铁大王卡内基的墓碑上就有这样一句话："一位知道选用比他本人能力更强的人来为他工作的人安息在这里。"这句话也说明了卡内基的成功秘诀——卡内基是个对冶金技术一点都不知的门外汉，但他的了不起就在于他知道如何利用世界上最卓越的冶金专家为自己服务。

1877 年，电话发明人贝尔在美国圣安东尼奥创办了美国贝尔电话公司。1895 年，贝尔电话公司将正在开发的全美范围内的长途业务分割出去，创立了美国电话电报公司。经过一个多世纪的发展，美国电话电报公司改名为美国电信业公司。2009 年《财富》杂志公布的世界 500 强排名中，美国电信业公司排第 29 位。

可以说，美国电信业公司的成功，与其一贯坚持的敢于任用能力大于自己的人这一传统作风有关。故事要从公司创办人贝尔说起。贝尔是电话的发明者，不仅如此，他还建立起美国当代著名的大实验室——贝尔实验室。

即便如此，贝尔却始终保持着一颗谦虚的心，从来不认为自己比别人了不起；在公司也从来不大权独揽。贝尔知道自己只是一个在技术方面很不错的人，但是在管理方面并不擅长，甚至算不上懂。想来想去，贝尔决定找一个擅长管理的能人，来帮助自己主持公司的大小事情。

贝尔相中的这个人叫西奥多·维尔，这个人有着非常出色的管理能力。于是，贝尔请他到公司出任总经理。维尔认为，如果要达到公司的目标，就一定要争取群众，让公司上上下下稳定团结；而公司是否能稳定团结，关键就在于接班人与管理者的素质。

于是，他花费了大量的精力在对员工的训练和培养上，让员工们具有独立精神，凡事都放手去干。只有在制定战略决策等问题时，维尔才会插手。维尔胸怀宽广，待人真诚，从来不在员工面前摆架子；不管谁有意见，他都会耐心听完再发表自己的意见；不仅如此，他还时常鼓励下属拿出自己的不同意见。

当时的贝尔公司本来处在困境之中，但是在维尔的出色领导之下，贝尔公司奇迹般起死回生，并且打败了西部联合电报公司的进攻，资产迅速扩张，由1878年的85万美元涨至1885年的6000万美元。

可以想象，如果贝尔不启用维尔这样的强手，也许等待贝尔公司的就是另外一种命运了。

留人心经

韩愈说："师不必贤于弟子，弟子不必不如师。闻道有先后，术业有专攻。"这句话同样也适合于企业管理者与下属之间。对于那些能力强于自己的员工，管理者更应该予以重用。那么，管理者该如何重用能力大于自己的员工，才能留住他们呢？

——鼓励员工发表自己的观点

假如管理者在工作过程中发现某个员工的"闪光点"，并且想加以利用，就应该鼓励他公开发表自己的观点。这个举动能够在一定程度上增加员工对管理者的信任感，同时也能增强员工对部门和公司的认同感、归宿感。假如他的建议在大家的面前得到了管理者的赞同和重视，那么，为了让自己有所表现，他就会留下来更加努力地工作。

——赞美员工的工作

在我们的周围，有很多管理者会认为赞美完美完成任务的员工会将员工宠坏，以后不方便管理。其实不然。假如一个管理者对员工的成绩表现得十分冷漠，这时员工可能敏感地认为管理者对自己心存嫉妒。很多充满智慧、懂得隐藏自己的人，害怕招致管理者的不满，于是将自己的想法都藏起来，等待时机跳槽，另谋高就。

——交给员工有挑战性的工作

如果发现了员工身上的“闪光点”，那就好好地利用这一点。根据这个“闪光点”的特征，把相应的更有挑战性的工作交给员工去完成。这样做，一方面能让员工感觉到自己受到重视，另一方面管理者能够通过这一手段提高员工的能力，可谓“一举两得”。

——给员工额外的鼓励

虽然管理者可能会给员工奖励，但是在没有给予他最佳报酬时，额外给他一些物质奖励也是必要的，因为他对公司作出了很大的贡献。假如管理者都没有给他任何特别的待遇，员工前进的动力自然就会减弱，追求进步的愿望也不如之前强烈了。

“奇才”是最宝贵的人力资源

人力资源，即从事现代化社会化生产经营活动的人力，是指那些具有一定生产经验、劳动技能和科学知识，在现代生产系统中发挥着一定劳动功能的人。

人力资源是企业生产要素系统中最活跃的一种经营资源，它对生产力的发展起着决定性的作用，对企业经营战略的实现起着保证作用。人的劳动即活劳动，是企业生产经营中最活跃的因素。物质生产靠劳动者推动，科学技术水平的提高，依靠智力劳动者和体力劳动者，在长期的生产实验中不断地探索和积累经验，并一代又一代地加以继承和发展。科学技术巨大作用的发挥，离不开劳动者的创造；高度机械化自动化的生产设备的运转，离不开劳动者的控制、管理和支配。他们的劳动技能、智力水平、管理水平的高低，直接影响着生产力中各物质要素和技术要素效能的发挥；直接决定着劳动生产率的高低。企业经营战略的实现，也依赖于企业人力资源的数量和质量。

而奇才，则是每个企业最宝贵的财富。企业要想获得成功，就必须懂得善用人才，懂得储备足够的人力资源。

克莱斯勒汽车公司成立于1923年，是一个老牌的垄断企业。它始终和“通用”、“福特”汽车公司三分天下，共同控制着全美国95%的汽车产业。进入20世纪70年代之后，克莱斯勒公司连遭挫折。从1970年到1978年的9年内，竟有4年亏损。1978年是美国企业的丰收年，在500家最大的工业公司中只有12家亏损，而克莱斯勒公司就名列12家之首，亏损额达两亿多美元。祸不单行，1979年，中东政局动荡，石油价格暴涨，更是让克莱斯勒公司雪上加霜。这一年中，公司库存积压的汽车就有8万多辆，亏损额高达11亿美元，积欠各种债务的数字大得令人吃惊——已达48亿美元。

克莱斯勒汽车公司濒临破产的边缘。有谁能够拯救这个已经病入膏肓的工业巨人呢？

就在这时，底特律传出一条爆炸性新闻：福特公司总经理艾科卡因与董事长亨利·福特二世矛盾激化而辞职。

克莱斯勒公司仿佛在茫茫黑夜之中看到了救星，决心聘任艾科卡这位汽车业的奇才担当本公司的总经理。但是，那时的艾科卡已有相当大的知名度，他的本领人所共知，想聘请他的公司数不胜数。并且财大气粗的国际纸张公司、洛克希德公司、沙克广播公司，先后提出了优厚的聘用条件。怎么办？克莱斯勒公司为了免遭倒闭，决定不惜一切代价去争抢艾科卡。

克莱斯勒公司的董事长约翰·里卡多立即派了两位很有名望的董事前去试探。紧接着，他自己又多次出马，恳切地希望艾科卡能到本公司来大显身手。艾科卡被他的诚意所打动，同意应聘，但却提出了两个让一般人不可能接受的先决条件：

第一个条件是他要百分之百的自主权，一两年后就得让他担任董事长一职。这就是说，艾科卡明确表示，他的条件是要约翰·里卡多退出第一把交椅。这种情况，可以说极其少见。如果哪个单位想调进一位有才干的人，而这个人开口就说，我去了要当你们的领导，那恐怕是百分之百地不会被接受。

然而，约翰·里卡多在对待人才方面更胜一筹。他听了艾科卡的第一个条件，当场表示："只要你肯来，就让你当。"

第二个条件是年薪不能低于福特公司的36万美元。艾科卡要争口气，他不愿意在福特二世前"现眼"。而这个条件对里卡多来说，却有点让他为难。因为里卡多身为董事长，年薪才拿34万美元。如果让经理拿的比董事长还多，那就违背了公司的制度，也不符合企业界的惯常做法。为此，克莱斯勒公司专门召开了董事会，议定将董事长和总经理的年薪都定为36万美元。

于是，两个条件都满足了，艾科卡走马上任，担任了克莱斯勒公司的总经理。

艾科卡的确是一位奇才，他不负众望，很快就使克莱斯勒公司起死回生了。1982年，公司赢利1.7亿美元，还清了13亿美元的短期债务，节存现金11亿美元。1983年，克莱斯勒又赢利7.05亿美元，提前7年还清了政府贷款的保证金。这些卓越的成就，使得艾科卡名声大震，身价倍增。

克莱斯勒汽车公司终于走出了困境。在人们对艾科卡大加赞扬之际，也绝不应忘记，克莱斯勒公司之所以能度过危机，主要原因是他们不惜代价地抢到了艾科卡。而原董事长约翰·里卡多为了公司的利益不计个人得失，大度让贤，更应为人所称颂。

留人心经

任何一个企业要想生存与发展必须有一支规模适当、素质较高的员工队伍。如何留住不同寻常的“奇才”，是企业提高竞争力、实现战略目标的关键。每个企业都应做到以下几个方面，以获取“奇才”这种最宝贵的人力资源。

——让“奇才”增值

增值是指对人力资源进行投资，从而使人力资源增值。我们知道，人力资源是指社会劳动者的劳动能力，而劳动能力的提高主要靠两方面的投资，即营养保健投资和教育培训投资，其中更为重要的是教育培训投资。

——进行“差异管理”

人力资源管理的根本任务是合理配置使用人力资源，提高人力资源投入产出比率。要合理使用人力资源，就要对人力资源的构成和特点有详细的了解。人力资源是由一个个劳动者的劳动能力组成的，而各个劳动者的劳动能力由于受到身体、受教育程度、实践经验等因素的影响而各有不同，形成个体差异。“用人之长，避人之短”是人力资源管理的基本原则。承认人与人之间能力水平上的差异，目的是为了在人力资源的利用上坚持能级层次原则，大才大用，小才小用，各尽所能，人尽其才。在人力资源管理中，差异管理指的是：具有不同能力层次的人，应安排在要求相应能级层次的职位上，并赋予该职位应有的权力和责任，使个人能力水平与岗位要求相适应。

——利用“动态原理”

动态原理是指人力资源的供给与需求要通过不断的调整才能求得相互适应；随着事业的发展，适应又会变为不适应，又要不断调整达到重新适应。这种“不适应——适应——再不适应——再适应”的循环往复的过程，正是动态原理的体现。动态原理使我们认识到人力资源规划的重要性。

警惕“格雷欣现象”

“格雷欣现象”也叫做“劣币驱除良币现象”，这种现象是由16世纪英国金融家、商人托马斯·格雷欣提出来的。提到这种现象，有一个有趣的故事。

故事得从古罗马时代讲起，那时候人们养成了一种习惯，从金币上切下一角，那么，货币在充当买卖媒介时，货币的价值量就减小了。古罗马人都很聪明，他们很快就发现货币变轻了。但是当他们知道货币减轻的真相时，都不愿意说出来或者纠正，而是把好的货币藏起来，专门用那些不足值的货币。这个故事就说明了一个现象：坏钱把好钱从流通领域排挤出去了。

在我们的生活中，很多人遇上钱包里既有新钱又有旧钱的时候，大家都愿意把旧钱花出去买东西，把新钱留着。道理很简单，因为人们对新钱都有偏好。这也是“格雷欣现象”的萌芽状态。

目前，基本上所有的行业和企业都存在着高素质员工流失的困扰。毫无疑问，任何一种组织、企业都是由人组织起来的，财富也是由人创造出来的。但是组织与组织的不同，就在于有的组织是乌合之众，有的是精兵良将。选人、用人对企业的发展至关重要。人都有盲目从众的心理，如果有一部分普通人才排挤少数的优秀人才，那么就会有很多人在不自觉的情况下，参与到排挤的队伍中去，这也是高素质人才流失的一个重要原因。一个企业如何才能有效避免“劣币驱逐良币”留住优秀人才呢？东芝公司为我们提供了宝贵的经验。

东芝公司一直坚持保护人才，任用人才的原则。如果一个人有十分才，就要给予十二分的重任，正因为此东芝公司获得了快速的发展。东芝认为一个人是管理者并不意味着他是完人，管理者也有判断失误的时候。由一位管理者的判断来左右一个人的一生，那是不妥当的。总之，人事问题，不应该由一个人来决定。由几个人或很多人来决定人事问题，就不会漏掉一些对公司有用的优秀人才。

东芝在决定人事问题时，要进行广泛的讨论。集合所有人员，不拘级别地仔细展开讨论：此事让某人办，能比以前更出色吗？能使工作别开生面吗？通过集思广益，以期减少失误和遗漏掉优秀的人才。当然，倾听众人的意见之后，最后的决策责任，还是在公司首脑身上。这个时候，作为首脑，应以虔诚之心来决定人事问题。

东芝还在管理者的头脑中灌输这样的意识：每个部门的主管，其下属都是他从公司借用的，所以不要借用得太多，也不要借来了就不归还。不能把有能力的人总要放在自己的手下，而不使其发挥更大的作用。因此，东芝一直在公司内部实行人才纵向的流动。

此外，东芝还在公司内部要求每层管理者应该有这样的一项任务，即对事业的“继承性”的考虑。如果一个领导只是完成自己的那部分工作，那就只是一个普通工作人员了。如果他既重视后继者的培养，又善于选择交接班的时机，那么，他就是一个出色的管理者了。即使某人突然不在了，企业仍能继往开来地持续发展下去。于是，东芝公司建立了接班候补制度。制度规定每个管理者均有在两年内培养两个候补者的义务，以使本人随时都可以调任。这样实行下去，管理者本人会得到更好的位置。

在如何用好专家方面，东芝公司也有非常独到的招数。东芝认为一个技术人才如果懂管理，那么他的技术设计能力会更趋于合理化，更适应市场和人的需求。于是东芝公司提倡：要培养专家，还要给专家职务，树立权威。当然，给专家树权威，东芝公司还有这样的考虑，从今后企业的要求来看，专门职务将超过管理职务。因此，企业一方面不得不培养专家，另一方面也得树立专家的权威。

为此，东芝公司做了这些工作：首先，公司培植起尊重专家的风气。

在用人时，任命那些大家都认为称职的优秀人才为专家；其次，使管理者承担义务，务必最大限度地尊重专家的意见；另外，在待遇上，做到高于管理者。如果是第一流的专业人才，即使他们的待遇超过公司主要负责人，也必须执行；尽可能地捍卫优秀人才的地位，避免优秀人才被一般人才驱逐。

东芝公司的这套留人之道，使东芝的人才群落发出了创造的光芒，这也是东芝不败的内在基石。在管理过程中，对于一个管理者来说，要长久地留住一个优秀人才是不容易的；对成功的企业来说，拥有优秀人才是它能长盛不衰的法宝；而对于创业中的企业来说，优秀人才是它不断走向壮大走向成功的坚实力量。从企业的经营规律中可以看到，人的作用尤其是优秀人才的作用始终是第一位的。

留人心经

人即是财，人即是宝。很多管理者都明白这个道理。那么企业管理者该如何操作才能避免“格雷欣现象”的出现呢？

——扭转“资金第一位”的观念

很多管理者总是陷入这样一个误区，那就是资金才是最重要的，资金才是第一位的。其实，资金往往不是主要的问题，因为即使有了资金但是没有高素质的优秀人才，资金还是不能增值，有时候甚至会害人、毁人；相反，如果有了高素质的优秀人才，即使暂时性的资金紧张，最终也会找到解决的办法，用较少的资金赢得更大的收益。而且，从经营的最终目的和效果上来讲，优秀人才的作用也是巨大的。

——建立合理的人事制度

管理者用人要不拘一格。很多时候，在同一个企业，会因为旧的人事制度惯性，一些低素质的员工薪酬待遇等超过高素质的员工，从而导致了低素质员工对高素质员工的“驱逐”，因为高素质员工的自我价值得不到体现，导致高素质员工离开。因此，企业管理者应该建立合理的人事薪酬等制度，按照员工能力的大小支付薪酬等。例如，现在很多企业采用绩效的方式，就能够有效地遏制低素质员工对高素质员工的“驱逐”。

——关注员工的情绪

人都是感情动物，作为管理者应该时刻关注员工的情绪变化。有时候，员工会因为各种原因，相互之间产生误会。这时候，管理者应该及时察觉，如果是有员工故意挑衅，那么管理者就应该考虑，是否有章可依？如果有章可依那么就一条：按章办事。如果是因为管理者过分偏袒某个员工而引起的矛盾，管理者就需要做好自我检讨。

——平等对待每一位员工

管理者必须做到公平对待每位员工，不论员工能力大小，将他们放在适合的岗位，订立合理的奖惩制度，做到对事不对人。如果员工表现好，为企业的发展作出了贡献，依照已经订立好的制度，对作出贡献的人予以奖励；如果有员工犯了错误，那么也可以依照已经订立好的制度处罚。一切做到公平且有章可依，这在很大程度上能够让员工心理平衡。管理者不能在态度上对优秀的员工表现出明显偏袒，否则会引起另外一部分员工对被偏袒者的排挤。

不求最好，但求合适

由于企业之间市场竞争越来越激烈，很多管理者的人才意识也越来越强烈，大多数管理者都将精力放在追求最好的人才身上。而事实却告诉我们，最好的不一定是最合适的。难怪有业内人士笑称："找到合适的人才，就像找个好媳妇。媳妇的好坏没有绝对的标准，漂亮的不一定是最好的，也不一定是最适合自己的。"

因此，对企业来说，招聘、选拔人才，对优秀的要求应该是相对的，对合适的要求才应该是绝对的，也就是我们所说的，不求最好，但求合适。合适才是一切工作完美进行的前提。不同的组织形成了不同的文化和价值理念，只有根据岗位的要求，才能挑到最适合的人才。

王永庆出生在台湾一个贫苦的家庭中，王家几代人都以种茶为生。15岁的王永庆到台南一个小米店做了学徒工。第二年，王永庆作了人生中第一重大决定，向人借了200元开了一家属于自己的米店。

刚开张的米店没有什么生意，隔壁的竞争对手牢牢拴着客户。无奈之下，年仅16岁的王永庆展现了自己非凡的销售才能。他不仅挨家挨户上门推销大米，甚至还免费给客户洗米缸、掏陈米。这些都是一些针对性极强的服务，很快王永庆的米店就聚集了一大帮客户。几年下来，王永庆办起了米厂，同时完成了个人资本的原始积累。

抗战后的台湾，建筑业发展极其红火，他作出了倾家荡产开塑胶厂的决定。王永庆联合自己的弟弟王永在创办了台塑集团。经过几十年的发展，台塑集团已经成为台湾最大的民营企业，其旗下30多家分公司和海外公司，员工总数超过7万。同时，王永庆也以54亿美元的身价登上《福布斯》富豪排行榜的顶级富人榜，成为名副其实的“塑胶大王”。

王永庆的成功与其从小具有非凡的销售才能是分不开的，而在用人方面的成功，也是王永庆取得辉煌成就的基石。王永庆用人的原则就是：不求最好，但求合适。台塑集团刚起步时，王永庆对人才的要求也非常高，他坚信只有最优秀的人才才能将工作做得最好。因此，每次挑选人才时，他一定要最好的。但是当时的台湾人才匮乏，即使到处搜罗，王永庆也只能找到几个条件很好的人。后来，王永庆又花费大价钱请了一批国外留学生到台塑工作，但是这些人在台塑并不习惯，工作业绩连普通人都不如。

从那以后，王永庆吸取了经验教训，他将选人原则改为：只要最合适的，未必是最优秀的。几十年下来，王永庆用重金或者是委以重任的方式请到了一大批为自己服务的名将，对王永庆而言这些都是最合适的人。

用最合适的人才，即使这些人不是最优秀的，但台塑集团舍得花大价钱培养他们，这就使台塑集团没有人才匮乏的担忧，也成为台塑集团称雄市场的最大资本。

留人心经

从上面的叙述中大家也都能看出，什么样的人才才是企业应该找到的，不一定是最优秀的，但一定要是最合适的。那么，管理者该如何找到适合企业的人才呢？

——切忌选用“样样都行”的人

这个世界上敢称自己样样都行的人是很少的，这样全能的人基本不存在，而只有在某一方面很能干的人。因此，人力资源管理者不应该相信那些在自己面前口若悬河吹嘘自己“样样都行”的人。

——恰当的工作分配给恰当的人

管理者与员工之间应该是一种相互协助的合作关系。因此，管理者应该在平时加强对员工的了解，在有工作岗位空缺的情况下，应该考虑到每个人适合做什么，不适合做什么。只有将恰当的工作分配给恰当的人，才会收到事半功倍的效果。

——不要因人设事，而应该因事设人

任何企业管理者在用人时，都应该选择因事设人，将“任务”放在重心。用人不能存在这个人我喜欢或者不喜欢，这个人是好还是坏，而应该在任务分配下来时，考虑这个人是不是适合这个任务，将任务交给他是不是能有所成就。

经卷 3

Jingjuan

用“薪”养才

绩效考核与薪酬体系挂钩

绩效考核是企业为了实现自己的经营目的，在一种既定的标准和指标下，采用科学的方法，对员工是否按质、按量完成任务而作出评估的过程，也称为成绩或成果测评。它是一种系统性非常强的工程，内容涉及面非常广，包括战略目标体系、目标责任体系、指标评价体系、评价标准及评价方法等。绩效考核的核心，是促进企业获利能力的提高及综合实力的增强，并且做到人尽其才。

如今，很多企业都认识到绩效考核的重要性。但如何进行有效的薪酬设计，将员工绩效与员工薪酬联系在一起，成为很多企业头疼不已的问题。因为它不仅仅是涉及员工的工作业绩、工作动力以及考核所需要的组织成本等，还会涉及员工未来的发展、对员工的激励效果以及考核本身是否公平、合理等因素。

摩托罗拉公司（Motorola Inc.）于1928年成立于美国芝加哥市郊的伊利诺伊州绍姆堡，原名为Galvin Manufacturing Corporation。1930年，该公司正式使用Motorola作为商标，并于1947年将公司正式更名为Motorola。经过一百多年的发展，摩托罗拉公司已经跻身世界财富百强企业，同时也是全球芯片制造、电子通信的领导者。

摩托罗拉的成就与其聚集了大批高科技人才是分不开的。在摩托罗拉，员工的薪酬与晋升都是与绩效评估紧密挂钩的，但这并不是指绩效考核的成绩能够直接决定一个人是否加薪或晋升。摩托罗拉公司的业绩评估表是参照美国国家质量标准而制定的，每个部门依照这个标准，制订出自己的目标。

员工的业绩目标包括客户关系、员工关系、合作伙伴之间的协作能力、领导能力、战略计划等。在员工制订目标的时候，老板和下属都要参与其中。公司的评估在每年的1月份进行，个人评估则是每3个月一次，部门评估为每年一次。根据考核情况，公司会决定员工个人薪水的涨幅、晋升等。

同时，员工的薪水是与绩效挂钩的。因此，在摩托罗拉，本科生的薪水比研究生高很正常，新员工薪水比老员工高也很常见。尤其是对评估中选拔出的有创造性的人才，摩托罗拉不仅会给其涨薪水，还会破格调级。

虽然绩效成绩很重要，但摩托罗拉十分民主。假如一个员工对评估感到不服气，觉得不公平，他就有权利拒绝在评估结果上签字，或者向人力资源部门提出意见。这时候，摩托罗拉就会对这件事进行调查，调查的对象包括该员工的上司，因为每个员工的考核成绩上都有上司的签字。如果是管理者管理手段不妥造成这种后果，则该管理者很有可能面临被撤掉的危险。因此，在摩托罗拉，上下级之间是相互监督、相互管理的。

不仅如此，假如员工认为自己的薪水过低，还可以向人力资源部门提出申请。收到申请后的摩托罗拉公司会进行市场调查及公司内部调查。如果发现该员工绩效考核非常优秀，但薪水确实是比公司其他员工或者同行低的话，就会给该员工涨工资。

正是因为摩托罗拉公司内部这种公平、合理的薪酬制度，每个员工都有发言权，才留住了众多高科技人才，与摩托罗拉一起创造出辉煌的成绩。

在摩托罗拉看来，自己的评估能有效避免走进误区，尽可能避免员工在工作中不把客户作为关注的焦点，而将注意力转移到怎样使上司与老板满意。就这样，摩托罗拉论功行赏，让员工们尽自己最大的努力争取成功，都不愿意离开摩托罗拉这个发展平台。

留人心经

在设计薪酬体系的时候，很多管理者都会遇到如何将薪酬与绩效考核挂钩这样一个棘手的问题。因此，在这里向大家介绍一些实行绩效考核与薪酬挂钩中需要注意的问题。

——向员工普及绩效观念

有句话说得好："制度设计，理念先行。"只有每个员工都理解了绩效管理的含义，才能够将绩效管理工作执行得更好。企业管理者可以对员工进行培训，将绩效管理理念灌输到员工的头脑中。同时，建立一套合理的绩效打分制度，以及打分数据偏差的处理制度等。只有树立起一种良好的绩效管理理念，才能将此工作开展下去。

——业绩决定员工浮动收入

用业绩来决定员工的浮动收入，在很大程度上能够激励员工进行内部竞争，不断增强企业的核心竞争力并持续取得较高效益。但值得注意的是，有的公司很注重团队合作，管理者若仅仅将目光放在个人绩效上，则很有可能破坏工作气氛，打击员工的士气。因此，对这样的公司而言，考核个人绩效的同时，应该结合团队、部门、公司绩效来确定个人的综合绩效工资。由此可见，薪酬体系、绩效评价以及根据考核结果而设定的浮动工资是能够有机结合在一起的。

——绩效不是奖惩的依据

绩效管理的根本目的，是为了让管理者更好地驾驭人力资源。管理者通过绩效平台，引导每一名员工完成自身的工作目标，最终达成企业战略发展。但现在很多管理者对这个问题的看法都显得过于片面，常常错误地将绩效考核成绩看成是对员工进行奖惩的依据，完全忽视了绩效考核本身的目的。这种只注重手段而忽视目标的做法，是导致绩效管理在企业中失效的根本原因。

掌握设计薪酬的艺术

对企业而言，薪酬是留住人才的一个重要因素，在目前的社会环境中，这是一个其他任何方式都难以代替的工具。因为它能够为员工和核心人才在追求自己的生活方式和提高生活质量等方面提供保证；还能够让员工得到令自身感到满足的社会认同感。

但很多管理者对如何给予员工合理的薪酬感到十分苦恼，因为薪酬原则决定着薪酬体系的合理性。换言之，薪酬原则是薪酬体系的灵魂，它是企业分配哲学的反映。用什么原则发放员工的薪酬，每个公司都有自己的薪酬原则。通常情况下，一个科学合理的薪酬分配制度，包括了以下五个标准：公平性、竞争性、经济性、激励性、合法性。企业薪酬制度只要具备了这五点，就可以算得上是合理的了。

三星集团成立于1938年。经过70多年的发展，它已经成为韩国最大的企业集团，其旗下3家企业进入世界500强行列。三星目前有近20种产品世界市场占有率居全球之首，尤其是其子公司三星电子，逐渐成为行业领跑者，影响力远远大于同行业的传统巨头。目前，三星集团已经在全球近70个国家和地区建立了近300个法人及办事处，员工总数达30余万人，业务涉及电子、金融、机械、化学等众多领域。

三星管理层认为："社会上不乏各类人才，关键是看他对三星是否有用。"只要是对三星有用的人才，三星就会为其提供最佳的发展机会及合理的薪酬。每个加盟三星的员工，三星都会通过岗位重要度、原薪水比较、社会认同以及创造价值这四大原则为其定薪。经过反复讨论、比较后，发给员工薪酬，让员工心服口服。

三星采用的四大定薪原则是十分合理的。比如社会认同原则。假如一个拥有高级职称并长期从事电气性能研究的学者型工程师，在来到三星之前，他的薪金为年薪15万元，这个薪金水平得到社会对此普遍承认的话，三星就绝不可能出价比此低。因为三星知道，比15万元低显然不能吸引这样一位优秀人才来三星创业，因此，三星开出的价格只会比这个高。

以此类推，原薪水比较原则也是这个道理。工程师原来能拿到15万元年薪，如果三星只开出13万元的年薪，对他来说肯定没有任何吸引力。因此三星采用了原薪水比较原则，以保障三星为人才提供的薪酬具有绝对的竞争力。

岗位重要度原则的标准是，人才对三星来说是否有用。假如一个人正好是公司某个稀缺岗位所急需的人才，将这样一位人才引进到三星以后，就能够填补这个空白；或者是某个人才来到三星，其岗位十分重要，具有不可替代性，那么这样的人的薪酬自然会比公司其他岗位或者其他员工的高。

而创造性价值原则，相比较来说就比较灵活。因为即使有的人业界评价非常高，也曾为公司作出了很大贡献，但这样的员工进入三星后能不能为三星创造出同样多的价值来，是没有人能够预料得到的。因此，三星人力资源部门采取的做法是，等其进入三星后，再在实际工作中对其作出考核和评价，然后依照他为公司作出的贡献，给予合理的加薪。这样一来，公司就不会错误用人，而员工也觉得更有挑战性。

定薪问题虽然是人力资源问题中最难解决的问题，但三星掌握了设计薪酬标准的艺术，因此，这个问题对三星来说也不是难以解决的问题了。这也是三星引进人才、活用人才、留住人才的好方法。

留人心经

很多人力资源管理者将员工的薪酬看做是公司的最高机密，用这样的方法来掩饰公司薪酬制度的缺陷。但事实上，员工能够利用很多种渠道获得大致的薪酬情况，这就很容易造成公司内部不团结、不稳定。因此，管理者应该采用一种有效手段，掌握薪酬设计的艺术。下面就为大家列举出合理、科学的薪酬制度具体由哪些主要部分构成。

——职位评价

每个职位的工资是有差距的，职位评价的主要目的，就在于判定一个职位在企业所有职位中的相对价值。其依据一般为包含职位要求的教育程度、所承担责任的重要性、技术熟练程度等。在判断完该职位的相对价值以后，管理者就会从中挑选出一个关键职位作为基准。

——对工资级别进行划分

职位评价是工资级别划分的基础，有利于管理者将类似的职员放入同一工资等级。有时候大型企业可能会将上千个职位归入十几个到几十个不等的工资等级，就好比国家规定了电工级别，比如一级电工、二级电工。但在企业中，职员的工资级别是由企业自己决定的。

——等级额度

不仅是每个职位的工资有差距，同一个级别工资都会有所不同，因为，确定每个工资等级的基本标准是很重要的。但是同一级别工资的差距不能太大，应该有一定限度。在通常情况下，本级别的最低工资不能低于下一级别的最高工资。

——对级差进行调整

有时候，劳动力市场的行情会发生变化，例如某个岗位人才急缺，那么企业就应该适时调整企业内该职位员工的薪酬；有时候企业自身可能会由于种种情况，某个职位人员空缺，这时候也应该调整员工的薪酬。因此，级别并不是一成不变的，企业应该视情况对级差进行调整。

满足员工的物质需求

现代企业竞争激烈，各企业管理者面临的严峻问题不是找不到人才，而是找不到合适的、忠诚于企业的人才。但是，比找寻合适人才更难的是怎么将这些一流的人才留住。

美国行为科学家、心理学家马斯洛曾的需求层次理论指出，人的需求包括物质需求和精神需求两个方面。物质需求相对于精神需求来说是低层次的，但它同时也是最基本的需求。只有在物质需求得到满足的情况下，人才有可能产生更高层次的需求。假如人的物质需求得不到满足，就会影响到人的行为和工作。因此，每个管理者都应该注意满足员工的物质需求，这也是留住人才的基本保障。

星巴克咖啡于1985年正式成立于美国西雅图。以卖咖啡豆起家，它从不做广告，却在20年时间里取得了巨大的成功。如今，它在全球四大洲已经拥有5000多家连锁店，从一个小作坊一跃成为一个巨型连锁咖啡集团，它的成就令全球瞩目。

星巴克的成功，与它的创始人霍华德·舒尔茨是分不开的。舒尔茨曾经多次说道："拥有颇具市场魅力的品牌能够获得利润；对自己的员工给予良好的待遇则能够获得员工的尊重，这是使企业得以发展的相辅相成的两个方面，缺一不可。"在舒尔茨的眼里，员工才是星巴克品牌的最好诠释。

在其他公司都忙着做广告宣传自己时，星巴克却将这部分经费投入到员工的培训、分红当中去。对舒尔茨本人而言，他非常欣赏在意大利看到的那些咖啡馆，那种老板、侍者之间的闲适、和谐的感觉。他也想将这种上下级之间的关系融入到自己的咖啡馆当中，尽可能为员工提供更好的福利和环境，以满足员工的基本需求。

1988年，星巴克为临时工投保医疗保险，成为第一家为临时工投入医保的公司。1991年，星巴克向员工提供优先购买股权的机会，并将这一优惠政策普及到临时工，成为开创此举的第一家公司。

这些举措收到了明显的效果。星巴克员工的流动性从每年的175%下降至65%，在餐饮业来说，成为一种神话。星巴克提供的这些福利，极大提升了员工对于成功的渴望，他们希望自己能够伴随星巴克取得更大的成就。

对人的重视，为员工提供良好的福利，是星巴克取得巨大成就的基石。在星巴克，总部的80%员工都是来自于一线。其区域分店和供货中心之间的人员周转率非常高。这些来自基层的管理人员，具有丰富的基层经验，因此，他们对商场中的任何风吹草动都能快速作出反应。这也使得星巴克在激烈的市场竞争中占据了优势。

星巴克正是凭借着对员工的尊重，满足了员工的物质需求，让每一个员工对待工作都像对待自己的事情一样，尽心尽力。也只有满足了员工的物质需求，才能让员工们产生与企业同生死、共存亡的信念，成为企业充满活力的源泉。

留人心经

对人才的充分利用，以及满足员工的物质需求，能够刺激员工向精神层面奋斗，有效减少员工流动性。那么，管理者如何在实践中做到满足员工的物质需求，达到留住人才的目的呢？

——了解员工的真正需要

作为管理者，想要真正做到满足员工的需求，并不是说说那么简单。管理者应该站在员工的立场上，急员工之所急，想员工之所想，只有这样做，才能真正了解员工心里最迫切的物质需求。他们究竟是需要更高的薪水，还是轻松的办公环境，或者是其他的需求？找到问题的根源，也就能够解决问题，才能使员工更忠诚于企业。

——满足员工物质需求要适度

作为管理者，满足员工的物质需求是有必要的。但凡事都应有度，超过了这个度，就会产生负面效果。作为管理者，不要把对员工的物质奖励当成日常谈话一样随随便便，更不要将物质满足当成留住员工的唯一砝码。其实，人非草木，孰能无情？只要管理者将心真正用在了员工的身上，将心比心为员工着想，员工自己会感觉到管理者的一片苦心，就不会随便选择离开企业了。

因此，作为管理者要时刻将员工当成自己的战友，而不是相互对立，最后两败俱伤。

——在满足物质需求的同时加以精神激励

唯物主义哲学认为，这个世界，物质先于精神而存在，先有物质，然后才有精神。同样，留住人才也是这个道理。先满足员工的物质需求，然后再用精神需求加以刺激，只有双管齐下，才能达到留住人才的目的。单纯的物质或者精神激励，都不能满足员工的需要，相反还可能使管理陷入恶性循环而不能自拔。

合理、公平分配薪酬

据一项调查研究显示，接受人力资源调查的89%的企业管理者表示，对他们而言，来自其他企业最大的威胁就是提供更高的薪酬。因为，很多员工离开原企业去新的企业，主要的目标就是能拿到更高的薪酬。但也有专家表示，这最大的威胁也是最容易解决的，只要企业管理者弄清所在行业的薪酬水平，支付具有竞争力的薪酬，就能够留住中意的员工。

薪酬如何分配是很重要的，因为对员工而言，薪酬非常重要，它是员工生存下去的必需品，同时还能够满足员工的价值感等。作为管理者，薪酬分配必须合理、公平，古语曰：“不患寡而患不均。”这里的合理、公平并不是指每个员工拿到的薪酬结果平等或者平均，而是分配的尺度、过程以及规则等必须公平、合理。对企业的每个员工而言，有均等的参与薪酬分配的机会，这样才是公平的。过去“吃大锅饭”的做法，看上去公平，但没有体现出每个人不同的价值，反而是一种本质的不公平。

1837年10月31日，宝洁公司成立于美国辛辛那提市。经过170年的发展，它已经成为世界上最大的日用品消费公司之一。宝洁公司在全球80多个国家设有分公司及分厂；经营着300多个品牌，产品涉及的领域非常广，包括洗发水、护肤品、化妆品等，畅销于全球160多个国家和地区；其在全球的雇员人数大约10万。

很多在宝洁工作的人都谈起自己的感受，觉得自己进入宝洁公司后，任职的不是一个公司或一个企业，而是一个机构。当员工进入宝洁后，就会发现公司的大多数雇员都将自己的时间用在工作上，就算不是在工作，也是在与同事谈论工作上的事情。在宝洁，每一个员工都将公司当成自己的“家”，与同事交流时，就好像与家人交流一样轻松、愉快。因此，很多雇员对企业的忠诚度极高。

宝洁公司除了给员工创造良好的工作氛围外，还在推进员工薪酬福利公平分配方面作出了不懈努力。在这方面，宝洁公司有着悠久的历史。1887年，宝洁公司推出了员工分红计划，这也是美国产业史上最古老的分红计划；1892年，宝洁公司又推出了员工入股公司计划；1915年，宝洁又为病残退休的员工提供了人寿保险，成为全球最早做出此举的公司之一。

1903年，宝洁公司为了强化员工入股办法，对分红作出了规定，规定员工只有承诺愿意购买相当大笔股票才能分红。分红在宝洁公司并不是每个人平分，而是将分红级别制定了4个等级。对工作漠不关心的员工，必须要取消其原有的分享红利的权利，将这些奖励转发给关心工作的员工。这种做法有利于员工形成正确的工作态度。一直到1915年，61%的宝洁员工参加了员工入股计划，在心理上也成为了宝洁公司的完整成员。

宝洁公司通过这些计划，将员工和公司的命运紧紧地联系在一起。每一个宝洁员工都以自己是宝洁人而感到骄傲、自豪。

宝洁公司发展至今已有170多年的历史，最高管理层已更换过9代，但每代管理人都坚持宝洁的信念，善待员工，给予员工合理、公平的薪酬分配。这种长盛不衰的管理理念造就了基业常青的宝洁。

留人心经

薪酬分配的重要性给很多企业管理者敲响了警钟。给员工分配薪酬不是一件为所欲为的事情，而应该遵循一定的标准。下面为大家提供几种公平分配薪酬的措施，以供参考。

——树立合理、公平分配薪酬的观念

对管理者而言，想要合理分配薪酬，首先就应该树立合理、公平分配薪酬的观念。不仅自身要有这种观念，还应该向企业员工灌输这种观念，使员工对公平、合理的薪酬分配方法有一个系统的认识。树立员工合理、公平分配的价值观，让他们认识到公平不是绝对的，员工之间不要盲目攀比，更不要形成一种“按酬付劳”的观念。

——保证员工参与

薪酬分配过程的公平，在很大程度上能够决定员工对薪酬分配的感觉。如果过程稍微有失公平，那么员工就可能觉得这种分配完全是不合理、不公平的。据科学调查表明，只要员工参与了分配的过程，不论最终拿到手的薪酬结果如何，起码在员工的心里，这种薪酬分配是公平的。因为员工实际参与了分配，公平感就会增强。所以，在薪酬分配的过程中，尽量做到保证员工参与，让员工对薪酬决策有充分了解。

——建立薪酬申诉制度

申诉，能够在一定程度上影响公平。建立一套合理的分配制度，申诉制度是必不可少的。假如实施过程中缺乏申诉，即使制度再完善，执行时也会产生不公平问题。因此，建立申诉制度非常重要。并且，在平时应该注意员工的意见，尽可能就绩效评估和薪酬分配与员工达成共识。如果做到这一步，员工仍对薪酬制度不满意，就可以通过申诉，要求更高一层的管理者听取其意见，并给予解决。

——在不失公平的前提下，适当照顾低效率员工

虽然制度是需要严格执行的，但是一个企业管理者凡事都按程序走，会让员工丧失温暖的感觉。况且，出于各种各样的原因，薪酬分配不可能做到百分百公正、公平。有的员工工作态度很好、责任心也很强，但可能工作能力不太强，这样的员工企业也需要。那么，一方面企业应该对他们的能力进行强化、培训，另一方面将他们换岗到更合适的岗位上，而不是直接解雇他们，这样才会稳定其他员工的心。但是如果经过培训等措施后，员工能力仍然达不到要求，这时候才能将其淘汰，否则会给长期留在企业的其他员工造成有失公平的感觉。

建立合理的奖励制度

有句话说得好："重赏之下，必有勇夫。"而按今天的标准来看，这句话应该改为："重金之下，必出人才。"虽然金钱不是万能的，但是物质奖励对于激励员工、留住人才还是十分重要的。美国的《奖励》杂志中就曾说道："你的员工来工作，他将分内的工作完成后，你给他酬劳，这叫薪酬。他做到的事情超过了平常的标准，你给他额外的东西来奖赏他的努力，这个叫奖励。它使员工愿意留在你的公司，但不仅仅是为了他得到的奖励。"

从这段话中就能够看出，任何人在付出劳动以后，都希望自己能够得到相应回报。在很多员工的眼中，自己的劳动是否得到别人的认可以及认可的程度，是通过企业支付给自己的薪酬和奖励来体现的。换言之，就是大部分人都将成绩与酬劳看成了一种理所当然的正比关系。因此，在员工的眼里，奖金数量的多寡能够体现自身价值，是企业对自己努力的一种肯定。同时，奖励也是企业管理者与员工之间进行沟通、促进人才进步以及留住人才的有效途径，是一种保证企业不断发展的有效手段。

IBM 于 1911 年成立于美国，它是国际商业机器公司或万国商业机器公司的简称。公司总部在纽约州阿蒙克市。IBM 目前在全球拥有雇员 30 多万人，其业务遍及全球 160 多个国家和地区。创立初期，IBM 公司以商用打字机为主营业务；后期转为文字处理机；最后转为目前的计算机相关服务。如今，IBM 已经是全球最大的信息技术和业务解决方案公司了，并且公司至今还保持着高速增长。

IBM 取得的成就与它独到的薪酬奖励制度是分不开的。在 IBM，一个员工的建议不管是不是跟金钱有关，只要是公司认为好的，能对公司起到良好作用的，依照带来作用的程度，可以领到50美元～15万美元的奖金。比如，一个员工提出关于公司省钱的建议，公司在采用建议后，会将第一年所节省费用的25%奖励给该员工，最高限额是15万美元；第二年亦如此。对于无法用货币来衡量的建议等，就要看建议的创意及其效果如何，然后再决定奖金的数额。

IBM不仅在员工建议等方面给予丰厚奖励，在其他方面亦如此。比如发明成就奖，就促成了IBM无数的发明。每当有员工有了新发明，这个奖项会帮助该员工申请专利。当员工第一次提出申请的时候，公司会奖励给员工1500美金；当员工将每次的申请打成报告时，也能得到相应的嘉奖点数，当这个点数累积到12点时，就能得到3600美金的奖励；当一个员工第一次达到12点时，除了得到3600美金的奖励，还能得到一件珠宝饰品。

除了发明奖励之外，还有部门奖励制度，这个奖励是由一定部门制定的。如果某个员工为公司作出了重要的贡献，或者是为公司、部门节省了重大开支，就可能得到公司1500美元～25000美元不等的奖金。光有金钱奖励是不够的，在IBM非正式奖励也是深得人心的。假如员工为某个特定的目标而努力工作，IBM会给其非正式奖励，比如，一次快乐的出游或者一顿轻松的聚餐。

虽然奖励很多，但是IBM针对每种奖励都有合理的制度，在最大限度上做到公平、公正，为每一位IBM员工提供获得奖励的机会。对员工而言，发挥自己的工作热情及潜力，不仅能够得到奖励，还得到了很大的精神鼓舞，这样的员工又怎么可能会选择跳槽呢？

其实，IBM所做的一切并不难，只是建立了一种合理的奖励机制，同时在其中融入了很多人性化的色彩，从而更好地调动员工的工作积极性。合理的奖励，是IBM留住人才、取得辉煌成就的关键。

留人心经

世界上没有一成不变的事情，包括对员工的物质奖励。把握好员工的不同需要，奖励应立足于员工感情能够接受的基础之上，只有这样的奖励才能取得效果。那么，管理者该如何做才能达到这一目标呢？

——赏罚要公平有原则

赏罚，是管理者手中的两把宝剑，是管理者行使管理权利的两个重要手段。赏罚分明是管理者使用该武器的重要要求，也是最基本的要求。不赏私劳，不罚私怨，是管理者进行管理的基本原则。同时，对员工的赏罚一定要及时，有功即赏，有过即罚。

——提供公平竞争环境

管理者既然制定了赏罚的原则，那么这就是唯一的准则。在员工看来，公平的竞争环境是争取奖励的基础。只要尽心工作，发挥自己的潜力，就能够争取到奖赏，避免受到惩罚。

——避免人为制造矛盾

有的时候，管理者可能会出于各种顾虑，对某些有功的员工不给予奖赏；对一些有过的员工不实行惩罚。在这种时候就可能让员工感到管理者对待下属有亲疏之感。一旦这种情绪产生了，管理者与员工之间的矛盾就会随之产生。只有管理者坚持做到有功即赏，有过即罚，对所有员工一视同仁，才能避免这种矛盾产生。

——不忽视小奖励

很多管理者只有在员工取得大功劳、作出大贡献的时候，才会对他们进行奖励。但这时候，管理者可能会忽略掉一些平日里默默无闻工作的员工。或许他们每一天都在进步，只不过由于管理者工作忙碌而被忽视，甚至有的管理者会认为一点点功劳、进步在大功劳面前是微不足道的，于是就将其忽略不计了。这种想法很不应该，在员工取得小成绩时，即使没有物质奖励，哪怕是管理者一句肯定赞美的话，都能令他们信心倍增，从而更努力地工作。

动态薪酬，留住不同人才的秘诀

动态薪酬指的是，根据企业员工的职、能绩效，长期发展潜力以及行业内外的人力价格水平而制定出的一种新型薪酬体系。这种薪酬体系关系到企业薪酬水平与其他企业的竞争力；也能促进内部薪酬体系的合理、完善；不光能对员工工作绩效进行牵引，还能够对员工的能力进行牵引。

传统的薪酬模式一般是以员工的学历、工作经历等作为给薪的依据。现在很多企业虽然认识到传统薪酬模式的缺点，并努力采用绩效模式给予员工薪酬。但在实际操作过程中，很多企业由于考核体系不健全等原因，导致绩效薪酬脱离了原有的本质。要么就成为扣员工工资的理由，要么就成为变相的奖金，在员工心里造成了阴影；同时，薪酬的激励作用也被大打折扣。

而动态薪酬则有效改善了这一点。岗位工资是固定的，而业绩、市场等能力是可变的，从某种程度上来说，使薪酬具有了可变、弹性的效果。

德国大众汽车公司是欧洲最大的汽车生产商，也是全球领先的汽车制造商之一。它成立于1937年3月28日，经过100多年的发展，大众汽车仍在续写着辉煌。在西欧，每5辆汽车中就有一辆来自大众。它在全球18个国家拥有45间制造工厂；全球雇员人数超过了36万人；平均每天可生产超过25100辆汽车；并为客户提供各种汽车相关的服务；产品畅销于全球150多个国家。

美国《财富》杂志经过营业额统计后发现，德国大众在全球500强企业中排在前30名。对德国大众而言，人力资源的成功成就了大众的成功。第一个成功是每个员工都获得成功，每个员工在自己的岗位上发挥出自己的才能；第二个成功才是企业的成功，两者相辅相成，缺一不可。

正是本着在员工实现自身价值的同时，也使企业获得更大利润的双赢理念，德国大众制订出合理的动态薪酬计划，以适应当前市场经济形势的变化，让企业发展成为一个“有呼吸”的企业。德国大众的动态薪酬体系包括基本报酬、参与性退休金、奖金、时间有价证券、员工持股计划和企业补充养老保险六项。

基本报酬比较稳定，等同于基本工资，能够体现员工的劳动价值，保障员工及其家庭的日常生活需要。参与性退休金是员工的一种自我补充保险，建立于1996年，由员工自己支付基本薪酬的2%，滞后纳税，这笔钱交给专业的基金运作组织来运作，以确保基金增值。奖金分为平均奖金和绩效奖金两种，建立于1997年，平均奖金是每个员工都能得到的奖金，起到一种保底奖励的作用；而绩效奖金则按照员工的表现、贡献等方面发放，数额不等，起到激励员工的作用。时间有价证券建立于1998年，主要是在企业内部推行将员工加班、休假时间或相应的现实应得劳动报酬，转换成未来收入或提前退休资格的全新的人力资源管理办法，如今，98%的大众员工都购买了此证券。员工持股计划则于1999年开始推行，让员工体现自己的股东价值，真正将自己与公司的命运相结合。企业补充养老计划则在2001年建立起来，是一种员工养老基金，员工用基本薪酬的5%投入基金中。

除此之外，基本报酬部分，德国大众采用的是岗位工资制度的形式。按照职位和岗位将工资等级分为22级，蓝领工人的基本报酬为1级~14级，白领为1级~22级。并且，在德国大众还有一套严格的职位消费管理办法，判断标准为职位的高低。职位消费包括车旅报销、签单权等，不同管理层有不同金额的职位消费权力，既有激励力度，又有约束力度。

大众的动态薪酬制度在很大程度上鼓舞了员工的士气，员工们看到自己的努力能够得到公司的认可，自己的付出与回报成正比，不仅觉得欣慰，更多的是感动。因此，大众的人才流失率非常低。

我们能够发现，动态薪酬是一种非常有效的薪酬模式。它不仅能够激励员工进步、挖掘自己的潜能，还能帮助企业进一步完善发展。德国大众正是跳出了传统薪酬模式的桎梏，积极实行动态薪酬制度，才为企业留下了众多人才。这些人才将德国大众推向了汽车产业的尖端。

留人心经

薪酬管理工作是人力资源管理的一项核心工作，薪酬管理的制度、实施方式等都影响着企业的发展方向。因此，对管理者而言，建立动态薪酬机制很有必要，其关键就是抓住准确的内外时机。那么，管理者在实施动态薪酬的时候要注意哪些方面呢？

——薪酬的动态适应性要强

当今社会，市场经济瞬息万变，不论是企业外部产业环境还是市场竞争，变化都十分快。因此，每个企业都应该及时关注所在行业的薪酬变化情况和人才市场上的其他企业采取的薪酬竞争策略；然后再制定出有利于本企业的薪酬应对策略，增强薪酬的动态适应性。

——业绩贡献奖励应及时

很多企业管理者都熟知80/20法则，即80%的业绩来源于少数的20%。因此，管理者在员工为企业作出业绩贡献时发放给员工的奖励，应该在绩效工作或者是业绩奖金中体现，而不应该在薪酬晋升中体现。据相关调查显示，业绩贡献是有周期的，当员工作出优秀的业绩时，管理者应该及时给予认可，以加强薪酬激励的及时性。假如对员工业绩贡献的奖励在薪酬等方面体现出来，实际上是一种递延支付，很难体现出薪酬激励的及时性。

——薪酬晋升要体现公平

对大多数员工而言，薪酬晋升是件值得欢欣鼓舞的事。但是管理者应该明确的是，薪酬晋升应立足于任职资格上，当任职资格发生变化时，薪酬也应随之变化。这种方式可以为企业储备人才、留住人才，还可以了解员工能力差异，为培训开发明确需求。因此，任职资格制度的公开、公正性，决定了薪酬在晋升方面的公平性。

舞好“股权”这把双刃剑

目前在我国，越来越多的企业开始试行股票期权制度。它是一种现代企业以企业股权利益为载体，将企业追求的价值与员工的个人利益相协调、统一起来，希望能最大化激励员工发挥工作主动性与创造性，让员工将自己的命运与企业的命运相联系的一种全新激励方式。

股票期权的出现，成为企业用物质方式激励员工的一次深刻变革。它使企业与员工之间建立起了一种更加牢固、更加紧密的战略发展关系；适应了信息经济环境下人力资源资本化的时代要求；也成为企业吸引人才、留住人才的重要方式，为很多企业人力资源管理者提供了良好的管理模式。

沃尔玛公司于1962年成立于美国阿肯色州。以营业额计算为全球最大的公司，其控股人为沃尔顿家族。成立之初的沃尔玛只是一家零售小商店，经过四十多年的发展，沃尔玛已经成为世界上雇员最多的企业，并居全球500强企业之首。

沃尔玛公司之所以取得如此辉煌的成就，和它的管理分不开。在沃尔玛，管理者与员工之间有着良好的合作关系，这种合作关系在沃尔玛被称为全体成员的“合作关系”。

有一天，沃尔顿和妻子海伦在伦敦的一条街上散步时，无意中发现一家商店。这个商店立即吸引了沃尔顿的目光，他停了下来，目不转睛地盯着这家公司的招牌好一会儿，然后兴奋地对海伦大叫：“快来看啊，这个招牌写得多棒!”原来，这家商店的招牌上写着所有员工的姓名，并且注明了管理者和这些员工之间的合伙关系。对此，沃尔顿赞叹不已，他跟海伦说：“沃尔玛也应该这么做。”在说这句话之前，沃尔顿心中早就有这样的想法了，那时候他还很年轻，还没有开零售店呢。现在，这个招牌以及自己冒出的想法让沃尔顿激动不已，他决定一定要做这样的改革。

沃尔顿一回到公司，就提出了这个决策——把沃尔玛商店员工称为“合伙人”，而不再是员工；尽量给员工平等的对待，建立起一种真正的合作关系，而不是像一般人那样只是想想，或者只是在叫法上改变。

沃尔顿在1971年实施了这个计划的第一个步骤，即实施一项由所有员工参与利润分享的计划。这个计划规定：每一个在沃尔玛公司待了一年以上，而且每年至少工作1000小时以上的员工都有资格分享公司当年的利润。当员工们知道这个消息后，欢呼雀跃。员工们的工作积极性大大提高，在此基础上，沃尔顿更深一步对改革作出有效的计划。

接下来，沃尔顿的计划是实行员工购股计划。这项计划是让员工通过扣除工资的方式，以低于市价15%的价格购买股票。这样，公司80%以上的员工持有了沃尔玛公司的股票。并且，还推行了很多其他的奖励和奖金计划。

从这些可以看出，沃尔玛公司形成了一个包括分享利润、奖金以及股票折卖等完整的合作体系。这种“合作关系”在沃尔玛公司内部随处可见，有效地将沃尔玛公司凝聚成了一个整体，所有人都在为公司的发展壮大而不懈地努力。

因为沃尔顿舞好了“股权”这把双刃剑，因此，沃尔玛公司上上下下十分团结。大家拧成了一股绳，每个员工都在想如何为公司发挥自己的最大能力，又怎么会跳槽离开呢？

留人心经

企业的股票期权设计得好能够发挥巨大的能动作用。但是股票期权在我国使用，有以下问题需要注意：

——建立股票期权组织机构

在我国，企业股票期权制度的建立要有专门的组织机构。一般来说，中国香港和美国的公司股票期权制度都需要专门的薪酬委员会来制定，而且薪酬委员会的成员大多数来自公司外部人员。只有这样，才能保证计划的公正、公平。公司需要建立一个由独立董事组成的薪酬委员会来制定该制度。

——控制股票期权制度规模

控制股票期权的规模，主要是为了防止期权滥用，从而导致原有股东利益受损。所以，设计股票期权制度时，一定要小心谨慎，而且必须严格。虽然股票期权规模太大会导致股东利益受损，但若太小，又不利于对员工产生激励效果。因此，应该将其控制在总股本的5%～10%最佳。

——严格控制授予时机

严格控制股票期权的授予时机非常重要。一般来说，在企业公开上市之前，公司在一个比较长的时间内，是不得授予员工期权的。这样做，主要是为了防止非常规性期权授予，可能会造成的投机等行为的发生。

发挥“年终奖”的吸引力

年终奖对比其他的奖励来说，在很多管理者的眼里算得上是可有可无的奖励；但是对员工来说，年终奖是管理者给予自己一年工作的肯定，其意义并非在奖金本身。据调查发现，很多企业管理者在发放年终奖时，都比较盲目。有的是觉得员工工作了一年，应该给予一定的奖赏；而有的管理者看到其他企业在发放年终奖，于是模仿其他企业，给员工发放年终奖。

其实，年终奖很重要，它是企业为员工提供福利制度的一种补充。不仅能够满足员工的物质需求，在精神方面也能给员工一定的满足感；能够起到很好的振奋员工士气、提高员工工作效率的效果。现在，市场竞争日益激烈，人才流动也很频繁。因此，为了增强企业对人才的吸引力，也为了保留核心和关键员工，很多企业已经把年终奖当成人力资源工作中十分重要的一环。年终奖也成了企业留住人才的一个重要手段。

1998 年 11 月马化腾在深圳创立了腾讯公司。1999 年 2 月，腾讯推出了中国市场上第一个即时通信软件——腾讯 QQ，因此，腾讯成为中国历史上最早的互联网即时通信软件开发商。凭借着团队的努力拼搏，2004 年 6 月 16 日，腾讯正式在香港联交所主板上市。经过近 20 年的发展，腾讯已经成为国内最大的互联网即时通信软件开发商。

对腾讯而言，员工是企业最大的财富。所以，腾讯时时刻刻都在为吸引人才、留住人才而努力。在腾讯管理者的眼中，最重要的不是业务和资金，业务没有可以拓展，资金没有可以吸纳，但是不能没有人才。在腾讯，人才是无可替代的，也是企业最宝贵的财富。

经过不断的努力，2005年7月，腾讯公司被评为第三届“中国大学生最佳雇主”。这也是唯一一家入选的互联网企业。为了留住人才，腾讯不仅向184位员工授出了101.605万新股，而且，按当时的市价来算，参与此项的每位员工都被奖励股份的市值大约为37万港元。

腾讯公司聚集了大批行业内的优秀人才，因此很多互联网企业都喜欢从腾讯挖走高级人才。为了防止人才流失，腾讯公司对员工的年终奖发放进行了一些调整，并日趋合理化。据腾讯公司有关人士统计，在合理发放年终奖以后，有效提高了员工的工作热情，使他们更忠诚于企业，员工流失率降低了很多。

腾讯深知，如今互联网市场人才竞争激烈，不光是腾讯的员工面临着流失危险，网易、新浪、搜狐等大型互联网公司也面临着同样的压力。很多公司都以高薪酬、期权等来吸引优秀的工程师。不仅如此，每家互联网企业给人才提供的福利待遇都差不多，但对员工而言，自身发展空间和长期的收益更重要。因此，腾讯抓住这一点，利用年终奖来吸引住员工的心。

腾讯公司深知人才对企业发展的重要性，也知道如何利用年终奖来有效抓住员工的心，正是利用好这一手段，腾讯公司人才流失率大大降低。

留人心经

每年年终发“红包”，是员工们最盼望也是讨论最火热的问题。但对企业管理者来说，这是一个非常棘手的问题。发与不发，发多少，都需要经过周密的思考。但是，只要把握好下面几个依据，就能够巧妙解决此难题。

——针对不同情况做述职报告

有一部分企业绩效管理体系并不是十分完善。有的企业在年初也没有制定年度目标等，因此，在年底发放年终奖时，基本找不到发放的业绩依据。这就令许多企业管理者犯了愁。其实，管理者们大可不必为此发愁。碰上这种情况，管理者可以采取年度工作总结或述职报告的方式，将一年来员工的工作业绩进行归纳总结。中高层管理干部作一份述职报告，普通职员作一份工作总结。企业经过研究后，可以根据他们的业绩情况发放年终奖金，发多发少由企业自己决定。

——根据绩效发放年终奖

大多数企业的绩效管理体系都比较完善，在给员工发放年终奖时，也就有了一定的依据。假如员工的业绩完成十分好，再加上员工平时的工作态度等，就可以组成一个完整的年终奖发放依据。这样，就能将年终奖发放规范起来，做到公正、公平。

——设计年度考核目标

目前在我国，中小企业越来越多，但是很多企业完全没有明确的年度考核目标、计划，也没有绩效管理观念。这样的公司管理者，最好的做法，是设计一张年度考核表，表格内容最好能包括以下几项：工作能力、工作态度、重点业绩这3个大的方面。在这3个大方面中，工作能力包括了基本素质、专业技能等；工作态度又包含责任心、主动性、进取心等；而重点工作业绩则包括完成的重点工作内容。有了这样一份表格，就找到给员工发放年终奖的依据了。

福利注重人性化

员工福利是企业薪酬体系的一个重要组成部分。它是企业对员工的一种照顾，是企业为员工提供的除了工资之外的一切物质待遇，是对员工劳动的间接回报。不仅如此，它还可以改善员工的劳动条件和生活条件。对企业而言，它是一种改善企业与员工之间关系的好方法。能够补充制度上的不完善；提高人力资源管理的综合效益；吸引更多优秀的员工加入到企业中来；同时还能鼓舞员工士气，降低员工的流动概率。

当今社会提倡人性自由，每个人的爱好兴趣都不一样。传统的福利方式就像一道菜，不论员工是否喜欢，都只能被动选择接受，有总比没有强，但是激励的效果却不明显。对企业而言，没有起到预期的效果。因此，企业应该向员工提供多种福利组合以供员工选择，才能更好地解决问题。对员工而言，企业的福利让自己有一种被尊重、被照顾的感觉，产生一种归宿感。这就要求，管理者应该保持员工的福利与能力成正比，只有这样，才能真正在企业内部体现出公平。

诺基亚（Nokia）公司于1865年成立于芬兰北部。刚建立的诺基亚只是一个小小的木浆工厂，经过一个多世纪的发展以后，它已经打败诸多对手，成为世界上最大的通信设备供应商，同时也是全球移动通信的领先者，目前已稳居行业老大的位置。诺基亚通过将移动性和互联网的有机结合，不仅为企业创造了更多的商业机会，也使人们的日常生活更加丰富多彩。

如今在中国，诺基亚已经占据了50%以上的市场份额，已经是如日中天了。诺基亚能够傲视群雄，与其建立合理的薪酬制度及人性化的福利制度是分不开的。诺基亚提倡一种内部薪酬竞争，让员工感到理性制度的优越；但其福利制度的人性化带给员工的则是一种感性上的欢畅。

诺基亚是一个典型的大型跨国公司，其福利发放的人性化与本土化却是大家有目共睹的。就拿诺基亚北京分公司来说，不仅仅是现金福利部分，还有着浓浓的人情味。春节时，每个员工能够领到600元的现金福利；元旦时，每个员工能够领到200元的现金福利；元宵节时，每个员工能够领到100元的现金福利；中秋节时，每个员工能够领到200元的现金福利；国庆节时，每个员工能够领到300元的现金福利；员工生日时，能够领到400元的现金福利。

其实，现金福利的数额并不大，但是它是完全按照中国的节日来为中国员工设计的。除此之外，还有一些其他的非现金福利，比如组织员工出游等。诺基亚的这些举措，能够体现出企业对中国文化及员工的尊重，使员工产生一种被认同的满足感，并且会将这份感动长久地记在心上。

诺基亚一直坚持“以人为本”的理念，不仅说到了，也做到了。它的这种人性化的福利制度，就是企业文化的一次完美表现。它深刻地展示出：真诚关怀员工，留住人才，成就了诺基亚140多年辉煌的传奇。

可见，诺基亚将“以人为本”的理念真正融入到员工管理中，不仅给予员工满意的薪金报酬，还让员工产生一种被尊重的意识。在诺基亚，员工会觉得只要踏踏实实工作，就能获得这样的满足感，又有什么理由跳槽呢？

留人心经

很多人会认为，只要谈到钱就会觉得俗气，但它却是个很实际的东西。常言道：“一分钱难倒英雄好汉”，因此，企业应该满足员工合理的物质需求。针对员工需求的不同，最好选择多种福利制度，以满足员工的物质、心理需要。那么，管理者究竟应该怎样施行人性化的员工福利制度呢？

——注重员工参与

企业为员工提供福利措施，但并不意味着可以任由员工自己挑选，而是从了解员工需求的角度出发，为员工选择一套福利措施。比如，可以依据员工的薪水、家庭状况、工作能力等来设定员工应该拥有什么样的福利。

——努力建设完善的福利保障制度

对员工而言，企业福利不仅仅只是节假日的糕点，还有更多实际、具体的内容。首先，企业应该积极参与到员工的社会福利的改革和建设中去，按照法律的规定及企业自身条件，努力完善员工的福利保障制度，尽可能地解决员工的后顾之忧。比如员工子女的教育问题、员工住房困难等。

——制定相应的约束协调机制

企业为员工发放福利的出发点是好的，但是事情都有其不可预见性。因此，企业应该制定相应的约束协调机制，防止各种意外、纠纷的发生。只有这样，整个员工福利制度才是完善的。

经卷 4

Jingjuan

留人贵在激励

告诉下属“你真棒”

每个人都希望自己的努力能被人看见，被人认可。假如管理者善于运用赞美的话来激励员工，也许仅仅只是一句话，就能够赢得员工的心。马克·吐温曾说过：“一句得体的称赞，能使人陶醉两个月。”这也深刻说明了赞美的力量。

赞美有时候就像一剂兴奋剂，能够激发人的潜能。当一个员工听到赞美的话时，就会发自内心地追求更完美的境界，激发自己的内在潜力。因此，任何企业想要进步，想要留住优秀人才，对员工的赞美都是必不可少的。一个真正优秀的管理者，能够通过赞美，让员工偶尔的行为变成一种持久的行为。有时候，很多人并没有发现自己的优点和长处，一般经过管理者的发现和赞美之后，员工就会逐渐认识到自己的长处，并将长处发挥下去。

赞美的成本虽然很小，但是它却能够帮助员工建立自尊。据调查，大部分人才留在企业都是因为雇主经常对其使用赞美这种奖励。因此，告诉你的员工“你真棒！”是留住他们的一大法宝。

1939年，两位年轻的发明家比尔·休利特（Bill Hewlett）和戴维·帕卡德（David Packard）在老师的帮助下筹得538美元，在美国加州帕洛阿尔托市爱迪生大街367号的一间狭窄车库里，创建了HP公司，开始了硅谷的创新之路。

近百年的发展，惠普成长为一家大型的跨国公司，产品畅销于全球170多个国家和地区；全球雇员人数超过14万；在2008年世界500强企业中排第41位。

惠普公司成就如此辉煌，与其企业内部有着大量优秀人才密不可分。惠普的领导者认为，鼓励、赞美员工能够让他们更好的工作。这种做法会让员工觉得自己受到了重视，从而产生强烈的责任感，安心为企业服务。

惠普是一家高科技电子企业，每个工作程序都不能出任何问题，否则后果不堪设想。因此，每道工序都十分重要。有一次，公司创始人戴维·帕卡德在工厂经理的陪同下去工厂巡视。他看到一个机械工人正在磨光一个塑料模具，戴维·帕卡德觉得十分有意思，于是就停下来观看工人的一举一动。工人已经花了很长的时间将模具打磨光，现在正在做最后的修整，戴维觉得很好奇，于是就伸出手摸了一下模具。

这时候，工人非常生气，呵斥他："别碰我的模子，把你的手拿开!"陪同的工厂经理怒斥工人道："你知道这个人是谁吗?"谁知道机械工人满不在乎地说："我管他是谁!"面对工人这样的态度，戴维·帕卡德一点也不生气，并且还当场表扬工人说："你是对的，你的工作非常重要，因此，你以自己的工作为荣是正确的。"

工厂经理听了之后表情非常尴尬，而戴维·帕卡德却对工人赞美不止。他知道，惠普要想完成公司的目标，就必须得到公司各层的支持和理解，即使是最基层的员工也应该要做到最好。而眼前这位员工就做到了这一点，将工作放在最重要的位置，不因为任何人的身份和地位而将产品质量问题忽略。

受到表扬的员工十分高兴，并向戴维·帕卡德表示自己一定会保证每一件从自己手上打磨出的产品质量，也非常愿意留在惠普工作，为公司贡献自己的一份力量。

肯定员工的工作，为他们取得的成绩喝彩，会令员工感到自己被尊重，能够在一定程度上满足员工希望自己被认可的愿望，这就是对员工最好的激励。惠普正是用这种激励方法，告诉员工"你真棒!"使他们拥有极高的忠诚度，以及更加高涨的工作热情。

留人心经

赞美不仅能够让人感到振奋，还能让人感觉自己被重视、被肯定。对管理者而言，该怎样赞美员工才能让员工感受到这一点呢？

——赞美应该及时

赞美是对一个人工作能力及态度等的认可，换言之，赞美是对一个员工行为的评价。因此，赞美一定要及时才能收到效果。每当员工将自己的工作完成时，都希望尽快得到关于自己完成工作的各方面信息，例如工作质量、工作成绩等。好的结果会给员工带来兴奋和满足感，会刺激员工为了更高的目标而努力；当员工得到坏结果时，就能及时改正错误。因此，员工需要尽快了解自己工作的信息，假如员工做得好，管理者就不应该吝啬自己对员工的赞美。

——在第三者面前赞美员工

也许当着员工的面赞美员工不是最好的办法，有时候会让员工怀疑上司赞美的目的和动机。但是，管理者如果当着第三者的面赞美员工，借第三者之口将赞美的话传到员工的耳中，效果会更好。因为当面赞美，会使人误以为是一种客套话，而背后的赞美常常是真心话。通常，真正懂得如何赞美的人，都知道背后赞美人的魅力，因此，赞美人应该讲究策略。

——赞美员工不端架子

大多数管理者在赞美员工时，都能够做到真诚、坦然，但也有一部分管理者始终放不下管理者的架子。其实，放下“架子”是管理者赞美员工的前提。假如管理者在赞美员工时，始终摆出一副领导者的架子，会让员工觉得管理者高高在上，无法与之进行交流。这样，就会在双方之间划出一道界限，管理者的赞美无法激起员工的心理共鸣。如此赞美，只能是无效之举。

信任是一种最大的激励

如果一个员工在完成一项任务时，得不到上级的信任，他就会觉得工作没有任何意义，也就不会再积极地工作了。因此，企业在给员工分配任务时，如果没有赋予信任，而是怀着猜疑的心情，严密监控，做事的人就很难把事情做好。而且，信任是互动的，企业若不相信员工，员工也就很难相信企业，更谈不上对企业的忠诚了。

从某种角度上来讲，信任员工是确保留住人才的“廉价投入”。当下属在完成任务的过程中，屡攻不克，但再坚持一下就能取得成功时；当下属因为一时失误，受到同事的指责、埋怨时；当下属求助无门，极度悲愤时……如果管理者还能给予充分的信赖，这将对下属产生多大的激励作用，又将留住多少优秀的人才！

卡尔松担任北欧航空公司董事长时，为了改革北欧航空系统的陈规陋习，曾给予部下充分的信任和活动自由。他的改革目标是，把北欧航空公司变成欧洲最准时的航空公司。开始的时候，卡尔松找不到合适的人选来负责处理此事。最后几经努力，他终于如愿以偿，于是去拜访这个合适的人选。

“我们怎样才能成为欧洲最准时的航空公司？你能不能替我们找到答案？过几个星期来见我，看看我们能不能达到这个目标。”卡尔松对他说。

几个星期后，这个人约见卡尔松。卡尔松问道：“怎么样？可以实现我的目标吗？”

他回答说：“当然可以了，但是大概要花6个月的时间，还需要150万美元……”

没等他说完，卡尔松激动地插嘴道："好！太好了！"原来，卡尔松准备投资700多万美元。

那个人被卡尔松的神情吓了一跳，他稳定了一下情绪，继续说道："请您等一会儿，我带了几个人来，准备向您汇报。让他们告诉您我们的工作计划。"

卡尔松想都没想，摆摆手说："不用汇报了，你们尽管放手去做，我相信你们的能力。"

4个多月之后，那个人找到卡尔松，给他呈上这个阶段的业绩报告。这时他已使北欧公司成为欧洲第一。令卡尔松感到欣喜的是：这个人还省下150万美元经费中的50万美元，总共只用了100万美元。

从上面这个案例可以看出，优秀的管理者最善于用信任来获取员工的心。管理者的一个基本责任就是了解员工的价值，然后鼓励他们主动尝试。久而久之，将会留住更多优秀的人才。

留人心经

古语说：既任须信，既信须终。信乃立身之本，也是一个企业的留人之道。具体来讲，要想最大限度地激励员工，需要从以下几个方面对其给予充分信任：

——相信受任者能完成工作

管理者在选人时要三思而后行，一旦确定人选，就不要轻易地更换。千万不可一方面让其担当某项重任或参与某项工作，另一方面又怀疑其完成任务的能力，进而束缚他们的手脚，妨碍他们的工作。当然，对他们也要提出明确的目标要求，实行一定的监督检查，进行适当的指导帮助。千万不要认为这是多余的，这一切都是为了帮助他们更好地完成任务。

——相信成员对本公司利益的忠心

管理者对待下属，更要以诚相待，切忌对小赵怀有戒意，对老张放心不下，满腹狐疑，最后闹得互相猜忌，分崩离析。团体成员之间，既然大家走到一起，就应为完成共同的目标而奋斗，精诚团结，同心同德。

妙用“二次激励”

管理学专家认为，激励是一门领导艺术。对管理者而言，充分运用激励艺术，能够最大限度发挥员工积极性、创造性和主动性。因此，企业管理者应掌握一些激励员工的方法。除了常见的各种激励手段之外，还有一种激励称为“二次激励”。

当管理者将工作目标逐一分解，将责任分布到每个岗位、每个人以后，接下来要做的不仅是有步骤、有目的地对这些责任进行检查、落实，还应该巧妙地把检查、督促的过程，转化成为对人才的“二次激励”的过程。

老霍德华·约翰逊于1960年突然宣布退休，将自己倾注大量心血创建的万豪酒店交给了儿子小约翰逊。老约翰逊给自己的儿子留下了全美国最有名的企业之一，留下了全美700多家备受中产阶级喜爱、点缀全美各地高速公路沿线的、用鲜艳橘黄色作为屋顶的餐厅和旅馆。

小约翰逊接过父亲的公司以后，表示有朝一日他要将父亲的公司经营得像豪生一样成功。1985年，在小约翰逊的努力下，他的梦想实现了。万豪不断获得了成功，甚至远远超过了豪生，那时候的万豪规模已经是豪生的7倍多了。

相比自己的父亲老约翰逊而言，小约翰逊一直过着相当简朴的生活。他对工作非常执著，每年他都要亲自走访200多家万豪分店，也以这样的标准要求其他高级经理。

不仅如此，小约翰逊的成功，还在于他坚持把员工个人追求进步的驱动力融入到公司组织的每一个层面。在给员工布置工作时，他总是巧妙地将这一理念融入进去。在小约翰逊的努力下，万豪制定了下面这些机制来“二次激励”员工：

第一项是“贵宾服务指标”报告。这项报告是根据顾客意见卡或者是随机选取的顾客所作评价制成电脑化的报告。管理者能够通过这个报告检查自己的贵宾服务指标，如果评价高可以获得奖金或者晋升，评价低就需要改进自己的服务质量了。每个参与此项评估的公司管理者都会因为赏罚而努力提升自己的服务。

另外一项具有特色的就是“幽灵顾客”评价。万豪任何一家分店都有可能出现这样一批顾客。万豪管理者将检查人员假扮成顾客，随机进入任何一家万豪酒店分店。假如店里的服务人员服务态度良好，他们会拿出一张识别卡，将背后夹有10美元的卡片交给服务人员，以此表示对他们服务质量的肯定；而服务质量不好的服务人员，他们将会收到一张背后写有“哎!”的识别卡，没有10美元。一般而言，接到后一种卡片的服务人员将会被送到万豪的培训基地进行再培训。每个员工只有3次这样的改进机会，一旦超过3次，将会被万豪毫不犹豫地扫出去。

万豪正是巧妙利用了“二次激励”来促进员工不断提升自己的服务质量与水准，也使万豪发展成为一家国际化的大酒店。

留人心经

“二次激励”的作用非常明显，相信很多管理者看了之后也会萌生出在自己的企业实施“二次激励”的想法。因此，在这里向管理者们介绍如何实施“二次激励”。

——在检查工作中激发员工的责任感

假如公司有新员工要进入，那么在这之前，管理者应该引导员工围绕工作目标进行全面的思考，帮助员工认准工作目标，明确工作的意义。管理者可以选择找员工个别交谈，这不仅能够了解员工对自己责任的理解程度，及时作出激励性的引导，而且使员工对自己的责任认识更明确。同时，管理者还能为以后的检查做进一步的思想准备。

除此之外，管理者还可以选用召开一定范围的誓师大会，为每个责任人提供一个表态发言的机会，在这种“言必行，行必果“的承诺下，员工的工作热情一定会被激发。

——用鞭策的方式督促员工前进

管理者给员工布置工作时，应该明确地告诉他们，他们所做的工作将会被定期或者不定期地检查。首先，管理者应该把检查的时间安排好，这样才方便员工将自己的总体目标逐一分解；其次，管理者要注意检查的科学性，将定量和定性手段相结合，才能确保检查的结果有说服力；最后，当管理者得到检查结果以后，应该及时与责任人进行沟通，这样不仅能让自己心里有数，也能让员工心里有数。

激励方式因时而异

现在，很多企业管理者常常抱怨：员工越来越难管理；没钱就没干劲；就算是给钱也未必能够提高他们的工作效率；自己都不知如何是好。但是很少有管理者换个角度去思考：我对我的员工了解多少？我对员工做了什么？等等。假如每个管理者都静下心来想想这些问题，很快就能够找到答案了。

随着社会经济迅猛发展，在企业管理的过程中，仅仅依靠物质奖励来激励员工的方式已经不奏效了；而精神激励却能够让员工充满激情地工作。因此，精神激励成为很多企业管理者的重要管理手段。但是，激励员工的方式有很多种，管理者不能照本宣科地搬用别人的激励方式，也不能千篇一律地使用同一种激励方式，而应该因时而异。

美国福克斯波罗公司是以生产精密仪器等设备而闻名的高科技企业。如今在美国，很多年轻人都向往着大学毕业以后能进入福克斯波罗公司工作。

没人会想象得到，在这样一家大型企业中，对员工的最高奖励不是金钱而是一枚小小的香蕉型金别针。如果一个员工能够获得公司奖励的香蕉型别针的话，就意味着他获得了公司最高科学技术成果奖，这是给予员工最宝贵的肯定和荣誉。

这只小小的香蕉型别针是有来历的。在福克斯波罗公司创业之初，遭遇了一个技术难题。如果不将这个问题解决的话，公司的前程有可能毁于一旦。这个问题一直困扰着公司的总裁福克斯先生，他为了研究出这一技术终日寝食难安。

有一天深夜，福克斯照例在办公室加班，研究如何才能解决这个技术难题时，一位研发工程师连门都没有敲，直接闯进了福克斯的办公室。刚开始福克斯还因为这位工程师打断了自己的思路而恼火，但当他看到工程师手上拿着的一台原型机时，脸色立即由阴转晴。原来，这台机器的性能非常好，使用很方便，正是福克斯想要找到的技术。

福克斯高兴得手舞足蹈，他一时竟然找不到表达自己感谢这位工程师的方式。他激动地把办公室翻了个遍，寻找了每个抽屉，都找不到可以感谢这位工程师的礼物。找来找去，他看到桌边放着一根香蕉，这根香蕉是他留着夜深时饿了再吃的。他拿起香蕉对工程师说："太好了，我实在是一时找不到更好的东西来奖励你，这就是给你的奖赏。"工程师接过香蕉，心里的激动久久不能平静。

福克斯找不到更好的礼物，这根香蕉就是他当时能拿出来的唯一奖赏。他用一根香蕉表达了对工程师的感谢。从那以后，这只小小的香蕉就演化成了香蕉别针，成为世界上独一无二的奖励。

一根香蕉在他人眼里看起来不起眼，但是却让工程师感动了很久，甚至演化为公司的最高荣誉。真正的激励，不在于物质价值的大小，而在于在恰当的时间用恰当的方式来表达自己对员工的肯定。

留人心经

一根香蕉适时地激发了员工的工作热情，正如法国的拉罗什科夫曾经说过的："人们给予理智、美丽和勇敢的赞美增加了他们，完善了他们，使他们作出了较他们原先凭自身所能作的贡献更大的贡献。"因此，管理者对员工进行适时激励时，一定要注意以下几点：

——激励员工要及时

作为管理者对员工的激励一定要及时。员工不论是在迷茫的时候，还是在取得成就的时候，都希望获得来自他人精神上的支持，这种支持能够促进他们更好地发挥主动精神。因此，管理者对员工的激励一定要及时。如果员工在情绪低落或者迷茫的时候，没有得到来自管理者的支持，那么时间久了，肯定会产生一些失望的情绪，甚至会不自觉地将这些情绪带到工作中去。

——把握激励时机

管理者在任何时候激励员工，都应该把握住激励的时机。要知道，“雪中送炭”和“雨后送伞”的效果肯定不一样。越是把握住激励的正确时机，就越有利于将人们的激情推向高潮，使其创造力连续有效地发挥出来。

——激励员工要倾注感情

人都是感情动物，当别人对自己付出了感情的时候，任何人都可以感觉得到。当管理者对员工真心实意激励的时候，员工的开拓意识及创新精神能够得到有效激发，员工工作起来也没有精神负担。一般而言，当员工心存疑虑的时候，员工就不敢创新，而是抱着“宁肯不做，也不犯错”的心理，只能保证自己的分内工作不出错。所以，针对不同时机，管理者激励员工的方式是不一样的，但必须要倾注自己的真实感情。

满足员工的成就感

每个人都希望自己被别人当做重要人物来对待，而不希望自己只是个无名之辈。但事实上，当今社会人才辈出，想要在众多高手中崭露头角并不是件容易的事。通常情况下，一个人在办公室的个性得不到充分体现，也得不到足够的重视时，工作主动性和积极性就被大打折扣。

解决这种状况的最好办法就是尽可能地满足员工的成就感，将每位员工都当做公司不可缺少的一员来看待，使员工渴望被重视的心理得到满足，从而心甘情愿为企业效力。每个人都是敏感的，员工们能够凭自己的直觉感受到上司对自己的看法。如果上司流露出对自己的重视，员工就会以自己的实际行动来报答上司的信任；如果上司流露出对自己无所谓的态度，员工就会觉得自己无所作为，很委屈。

因此，作为管理者应该满足员工的成就感，并以此激发员工的斗志，让员工更乐于留在企业为企业效劳。

1988 年，任正非在中国深圳创建了华为技术有限公司，这家公司也是深圳市的第一家生产、销售电信设备的、员工持股的、民营科技公司。经过近 30 年的发展，华为已经成长为全球领先的电信解决方案供应商。其主营业务为交换、传输、无线以及数据通信类电信产品，为电信领域内的世界各地客户提供网络设备、服务和解决方案。

到目前为止，华为的产品及解决方案已经在全球 100 多个国家得到应用，惠及全球 1/3 的人口。对华为而言，留住优秀人才对于企业的发展意义重大。针对当前日益严峻的人才流失形势，华为实施了新的管理方案：鼓励员工内部创业，将华为的核心业务及服务业务在内部实施创业方式社会化，为公司里的优秀人才提供资源，鼓励他们走出去创业。

有业内专家指出，内部创业一般来说是由企业内具有创业愿望和理想的员工发起的，但是组织给予他们足够的支持，企业将与员工一起承担风险，共享劳动成果。这是一种新兴的激励模式，在很大程度上满足了员工的成就感。

虽然很多人认为华为的这个举动是在“为他人做嫁衣裳”，只要给予足够的薪酬，就能够留住优秀的员工。可是事实表明，很多企业对待优秀人才都会给以高薪、高职以及高福利，但是还是有很多优秀员工离开了。这也说明这些物质上的奖励，并不能满足优秀员工的心。因此，华为通过调查发现，优秀员工更渴求“成就感”，说白了也就是他们也想当老板。

很多人认为一个企业内不可能出现两个或者多个老板，但事实证明是可以的。那就是实施“内部创业”。从表面上看，好像是企业在拿自己的付出，成就他人之美。而实际上，内部创业的好处非常多。不光能够满足优秀员工的“成就感”，使企业留住大量优秀人才，同时还能凭借这种管理制度，减轻企业负责人的工作负担。可谓“一举两得”，实现了老板与员工之间的双赢。

比如，华为内部公司之一的广州市鼎兴通讯技术有限公司，是一家实力比较雄厚的公司，该公司承担着华为湖南、江西市场及广东市场近1/3的工程安装调试工作。它为华为减少了市场运作成本，让双方获利。同时还将华为的优秀人才分散到全国各地，配备相关资源，给其更大的施展空间和市场潜力，从而留住了优秀员工。

企业面临的挑战不仅来自强大的竞争对手和市场压力，还来自企业内部。假如一家企业内部制度有缺陷，又怎么能够到市场上与强大的对手竞争呢？华为的内部创业制度，不仅满足了员工的成就感，留住了大批优秀人才，同时还激活了企业内部组织。

留人心经

对企业管理者而言，满足员工的成就感并不是一件容易的事情。那么，企业管理者究竟应该怎么做才能真正满足员工的成就感呢？

——理解每位员工

企业管理者作为团队的领导者，其作用非常重要。因此，管理者们应该在自己的企业或者团队中，试图去了解每个人，理解每个人，重视每个人。只有在这个基础上，管理者才能真正了解员工内心的需求。管理者的这种关心，会让员工感到自己是被上司重视的、被企业需要的。

——让所有人知道你很重视他

当一个员工缺乏信心或者工作自主性不强时，管理者不妨以满足员工成就感的方式来激励他。你可以让其他的员工知道，你很在意他，他在企业是被需要的，这样一来，员工就会被这种尊重感所激励，也会尽心尽力为企业效劳了。

——让员工接受更高层次的训练

如果一名优秀的员工只处于中层管理的位置，但碍于企业目前的种种困难无法提拔、重用他，会让员工内心觉得委屈，长时间下去员工很容易泄气，工作积极性也会大打折扣。这时候，管理者不妨送员工去接受更高层次的训练，或者是让他训练别人。这种做法在某种程度上也能让他扮演一个重要角色，让他在潜意识里明白管理者的良苦用心，也能够满足他内心的成就感。

用企业愿景激励人才

彼德·圣吉在他所著的《第五项修炼》中率先提出“共同愿景”这一概念。用企业愿景激励人才，作为管理企业和组织的先进方法与手段，得到了大家的认可和赞同，被誉为“21 世纪管理的圣经”。

共同愿景的含义是指大家共同愿望的景象，也是组织中人们所共同持有的意象或景象。它的建立，能发出一股较强的感召力，创造出众人一体的感觉，同时遍布到组织的全面活动，而使各种不同的活动融合到一起，这样的景象无疑是所有组织单位追求和期望的。这种工作氛围可展现每个成员的个人才华，形成强大的合力。

西洋集团是以耐火材料、钢铁等为支柱产业的大型集团，是中国最大的镁质耐火材料生产基地，其产品畅销欧、亚、美 30 多个国家和地区。

集团总经理周福仁，在与四川西洋五洲铝业有限公司签约仪式上讲话时就强调，要用企业的愿景来感召人才。只有让人才了解企业的发展前途和方向，他们才有可能留在企业发展。人才需要运用自己的分析能力来判断公司是否有前途，因为公司的健康发展和活力应该是他们关心的主要方面。当公司面临挑战的时候，他可以根据公司采取的策略和实施的步骤来判断这个公司是否真的有实力。只有公司具备实力和未来的发展前途，才能保证员工个人的事业有发展前途。所以要塑造企业愿景，让员工发自内心地对企业未来发展充满希望，而且是在不久的将来可以实现的希望。

周福仁正是凭着他的这股对人才的执著追求的精神，才使得西洋集团的人才队伍不断壮大。西洋集团被选入中国企业500强，且荣获“全国民营企业50强”等称号。

这种企业对待人才的态度，就是用企业的事业前景感召人才，同时也得到了人才的认可和支持，进而决定与企业一同成长和发展。对企业来说，这是最好的选择，不用付出企业的物质资金就能轻松留住人才，而且这样的合作基础也非常牢靠。

留人心经

企业的事业前景是一种精神生产力，也是推动企业发展的原动力。在企业遭受挫折和困境时，它能支撑企业渡过难关；在企业处于兴盛期时，它能加速企业发展，始终推动企业向既定的目标坚定执著地前进。那么，管理者应如何建立共同愿景？建立什么样的共同愿景呢？

——共同愿景应建立在个人愿景基础上

共同愿景就其层次和范围来讲，可分为组织大愿景、团体小愿景和个人愿景。任何系统、部门或单位都可根据自身的工作性质、特点建立不同的共同愿景。然而，不论何种共同愿景的建立，都需以个人愿景为基础，否则，共同愿景也就无从谈起。团队共同愿景应建立在员工的个人愿景基础上，只有以此为前提，才能激发员工的工作积极性，充分发挥其创造力。

——在确立共同愿景前，应了解每位员工的个人愿景是什么

共同愿景不是个人愿景的简单相加，然而，共同愿景来自于组织各成员的共同关切，所以，必须对员工的个人愿景进行测试，让其描绘设计团队在某一时期或阶段内是个什么样子，希望达到什么目标。

——应让员工对其个人愿景拿出实施方案

让员工谈出所期望的个人愿景的可行性；通过何种策略和方法来达到所想象的目标；对未来的发展在实现过程中可能出现的各种局面作出预测，提出应对方法，逆境怎么办，顺境又如何。以此来分析和决定个人愿景与共同愿景的融合程度。

——在共同愿景决定后，应对员工的支持程度进行测试

不同的人可能有不同的态度。或冷漠面对，既不关心也不感兴趣，既不支持也不反对；或勉强遵从，被动地做不情愿做的事情，当一天和尚撞一天钟。若出现这样的心态，必然会对共同愿景的达成和实现产生影响。所以，应了解每位员工对共同愿景的态度，即对这个愿景能否认同。假如不认同，应该如何修正；如果将这个愿景继续坚持下去，你个人有何打算等。以此来了解员工对共同愿景的支持程度，适时进行修改和调整，最终确立一个能够得到整体认同的、可发挥员工凝聚力和创造力的共同愿景。

——共同愿景应划分为阶段性景象

共同愿景是一个组织确立的、在一定时期内所希望达到的景象，是组织成员为之努力的总目标。在确立共同愿景的同时应对其进行细化和分解，将愿景根据工作规律和特点划分为阶段性景象，由分镜头组成共同愿景。就团队而言，可根据各员工的工作性质，确定某个阶段所应达到的目标。这样既便于对各部门工作的进程、情况及时掌握；又便于对共同愿景进行及时的修正和调整；更主要的是通过阶段景象的实现，可增强员工对共同愿景的信心，鼓舞士气，强化队伍的凝聚力和战斗力。

——领导者应身体力行

共同愿景是组织中的人们所共同持有的意象或景象。对于领导者来说，这个共同愿景也应该是他的个人愿景。可以说领导者的个人愿景在共同愿景中占有很高的地位，所以，为共同愿景的实现领导者必须身先士卒、身体力行，发挥“头雁”的作用。

共同愿景可创造出众人一体的感觉，遍布到组织全面的活动中，可使各种不同的活动融合起来。同样，团队的共同愿景是全体员工所想所愿，能够充分体现个人价值，实现自我超越，通过领导者的带头践行，必然会产生强大的凝聚力，激发员工奋发向上的精神斗志。

充分授权，让员工在实践中得到锻炼

有这样一个故事：美国石油大王保罗·盖蒂发现自己的油田生产总是不尽人意，不论他使用什么办法油田的产量总是不见起色，这令他十分苦恼。无奈之下他只得去请教一位管理学专家，专家只说了一句话："那是你自己的油田"。保罗恍然大悟地回去向工人宣布："从现在开始，油井交给各位了，你们自己负责经营，收益的25%归你们所有。"从那以后，油田产量大增。这说明了，让员工"种自己的田，为自己干活"，是解决管理者和员工之间利益冲突、发掘员工潜力、最大限度创造员工价值的好办法。

这个故事充分说明了授权的重要性。一般而言，能力突出的人才并不喜欢自己在工作时被人干涉或者指手画脚，他们比一般员工更渴望自由发挥。因此，作为团队的管理者，只有授权才能够让员工在实践中锻炼整体搭配能力和自我调节能力，随时都可能打造出让人不可思议的团队表现和企业绩效来。

在日本，本田是技术和活力的代名词，也是日本大学生毕业后的就业目标之一。本田从1946年创立至今，经过短短几十年取得了骄人的成绩，这与他们的员工有着很大的联系。让员工尽可能发挥自己的长处是本田公司最注重的环节之一。

本田公司的管理者一直将员工视为公司的财富，也深知授权的重要性。本田株式会社第二任社长河岛决定进入美国办厂，并且成立了筹备委员会，聚集了来自人事、生产、资本三个专门委员会中最有才干的人。河岛只作决策，具体实施者是筹备委员会的成员们。之所以不插手，是因为河岛认为员工组织会比自己做得更好。例如，建立俄亥俄州的厂房基地，河岛一次也没有去看过。当别人问河岛为何不赴美实地考察时，他说："我对美国很不熟悉，既然熟悉它的人觉得这块地最好，难道不该相信他的眼光吗?"

1985年9月，在东京青山，一栋充满现代感的大楼落成了，赴日访问的英国查尔斯王子和戴安娜王妃参观了这栋大楼，各类媒体也竞相报道，本田技术研究工业公司的"本田青山大楼"从此扬名世界。实际上，规划这栋总社大楼，提出各种方案并将它实现的都是一些年轻的员工们，本田宗一郎并没有插手此事，这令人难以想象。

第三任社长久米在"城市"车开发中也充分运用了对下属的授权原则。"城市"开发小组的成员大多是20多岁的年轻人。有些董事对此十分担心并提出反对意见，但久米没有理会。他说："这些年轻人如果说可以那么做，就让他们那么做好了。"就这样，这些年轻的技术人员开发出了新车"城市"。"城市"一上市，很快就在年轻人中风靡一时。久米根据每个人的长处充分授权，并大胆任用年轻人，从而造就了本田公司辉煌的业绩。

本田公司充分授权给员工，让他们更自由地发挥自己的才能，从而为企业创造出更多价值。同时，企业也为他们提供了展现自己才能的机会，以及实现人生价值的空间，使他们心甘情愿留在企业继续服务。

留人心经

很多管理者都以为授权只是给员工交代任务，要求员工必须做什么，却很少考虑应该怎样给员工授权，怎样融激励于责任，做到真正意义上的授权。下面提供几种正确授权的方法，供管理者参考。

——确定授权目标和方法

管理者打算授权时，往往会遇到一个很严峻的问题，那就是授权给谁，用什么方法授权给这个人，权限的范围又是多大？针对不同的员工，在进行授权和下达任务时，应当采取不同的授权方法。

管理者在授权时必须因事、因时、因地、因人、因条件不同来确定授权的方法、权限大小、内容等。同时要求被授权的员工敢于付出、敢于承担责任，且应具有积极热情的态度和真才实学。

——不重复授权

授权一定要明确目标，不要重复授权。工作中常出现这样的情况：上午，经理对小王说："请你今天做一个方案，关于新产品销售的！"下午，见到小张后经理却又把同样的任务交给了小张。导致小李、小王互相猜疑，怀疑自己能力不行，甚至觉得经理在无事生非，制造同事之间的矛盾，导致他们工作积极性下降，效率降低。

管理者在授权时出现重复可能是无意的，有时只是随便讲讲，但对下属来说，这是领导交给自己的任务于是就开始工作。出现了双头马车的局面，造成公司资源浪费、员工不团结。所以管理者授权时一定要明白，千万不要出现重复授权的现象。

——授权以后要信任下属

"用人不疑"已经是老生常谈了，"疑人不用"又常被人们忽视。事实上，疑人不用是用人的前提，是授权的基础。很多授权失败的企业就是因用人不当，授权不当。因此，管理者在给下属授权时必须要了解他、认识他，觉得他忠于企业，具备胜任所授权工作的能力，能够把权利使用好，为企业创造好的效益。

——责任权利同时授出

很对管理者在授权时存在误区，就是只给下属相应的责任但不给下属充分的权利。这种授责不授权的做法是大错而特错的，这么做不是授权，而叫推卸责任。

下属履行职责的同时需要相应的权利。只有责任而没有权利，不利于激发下属的工作热情，即使处理职责范围内的问题也需不断请示管理者，让下属很压抑。但是只有权利没有责任，则会造成下属不恰当地滥用权利，增加企业管理者的控制难度。

——建立有效反馈和控制机制

管理者不要以为授权给员工了，就可以高枕无忧了。管理者在授权的同时应该制定有效的监督、控制措施，才能发挥更好的作用。权利是一柄双刃剑，用好了，带给企业的是效益；使用不当，可能带来的就是灾难以及对企业的打击。所以，管理者在授权之后，切忌做甩手掌柜，不管不问很容易出问题。必须要加强对所授权力的监督，建立健全的权力监督机制，使权力在理性可控范围内运用，促进企业的发展。

经卷 5

Jingjuan

给人才成长的空间

授人以鱼不如授人以渔

“授人以鱼不如授人以渔”出自我国古代道家名著《老子》一书，说的是传授给人有用的知识，还不如传授给人学习有用知识的方法。故事讲的是，从前有一个小孩，看到一个白胡子老翁在细柳下垂钓，老翁身边的鱼篓里装了满满一篓鱼。老翁看出小孩很喜欢这些鱼的表情，于是跟小孩说：“既然你这么喜欢这些鱼，那我就把它们都送给你。”小孩摇摇头说：“我不要，你把钓鱼的竿送给我吧！”其实理由很简单，得到鱼只是一种目的，而钓鱼才是达到目的的手段。一条鱼或者一篓鱼能够让人得到一时的满足，却不可能得到长久的满足。因此，想永远有鱼吃就要学会钓鱼的方法。

对企业员工而言，最好的福利就是对其进行在职培训。这就好比只给他们鱼并不是他们最想要的，他们想要的是学会钓更多鱼的方法。因此，企业为员工提供更好的培训和教育，是留住人才的一个重要方法。

1912年，伊莱克斯的创始人爱尔克·温尔格林发明了世界上第一台家用吸尘器，第二年又生产出第一台家用冰箱。从那以后的70多年里，伊莱克斯兼并、收购了世界上约400家家电厂商和品牌。除此之外，伊莱克斯的业务还涉及餐饮服务设施、园林等领域。其总部设在瑞典的斯德哥尔摩，在全球60多个国家拥有工厂；产品畅销于全球160多个国家；全球雇员人数超过10万。

在伊莱克斯内部，经理级别的雇员大约有5000名，这些人能否发挥自己的能力在很大程度上决定着公司的市场份额和利润。为了保障公司的正常运营和快速发展，伊莱克斯不仅对这些经理们进行有针对性的培训，还对其他员工也进行了在职教育。1995年，伊莱克斯集团成立了伊莱克斯大学。

培训部在伊莱克斯是一个独立而又重要的部门。为了与公司的发展理念合拍，培训部首先就是一个学习性非常强的团队；对团队内的每个成员的学习能力要求都非常高；每个成员都应该具备与其他部门进行有效合作的能力。

培训部的主要工作就是设置培训课程，这需要花费他们大量的时间和精力来设计。比如部门的销售培训师，他在设计课程之前，都会跟随着业务员一起去拜访各个零售商；还要专门去伊莱克斯专柜查看销售情况，包括销售员是如何卖东西，客户对品牌的意见以及销售员、促销人员的意见，等等。销售培训师得到这些资料后，再加以整理、加工，提取出哪些是必须要改正的。然后，在查阅大量资料的基础上，再加入所提取的信息，从而设计出一个相对完善的培训课程。

不仅如此，公司各个部门的优秀人才也都会得到公司为他们安排的课程，让他们用自己的宝贵经验来培训、提高普通员工的能力。对此，伊莱克斯的营销培训师张铸久曾经说："公司那些专业性很强的培训，单单依靠培训部的力量显然是不够的，培训部更多是起着协调和整合的作用。"

伊莱克斯曾经引进"高效能人士的7个习惯"这一课程，很多员工听了感觉很不错。因此，伊莱克斯公司将这个课程买了下来，还培养了关于这门课程的讲师。同时，培训部建立起了自己的资料库，从中能够查阅到很多培训市场的情况。如果需要引进外国课程，伊莱克斯总部和大学都会帮助筛选和协调，再按照实际情况将整合的课程拿过来。

因为公司有科学的培训方法，伊莱克斯不仅融合了各个地域、不同文化背景的子公司，让其有效运作，同时还吸引了一大批精明能干、忠心耿耿为公司效劳的人才，使公司日益发展壮大。

正是因为伊莱克斯将培训看做是给员工最好的福利，并且将培训工作落到实处，不流于形式，才使得员工真正从公司受益。这样做，不但提高了员工的素质和业务水平，还提升了他们的整体服务水平，令公司成为最终的受益者。

留人心经

如果说公司是一个组织的话，那么员工就是这个组织的细胞。如果细胞的创新能力下降，势必会影响到整个组织的健康运转。而培训，就是给员工“细胞”注入新的动力。那么，管理者在对员工进行培训前应该做哪些工作呢？

——确定培训重点

在对员工进行培训之前，管理者应该先想想对员工培训的侧重点应该放在哪里。了解员工所担任的工作，然后将他们应该学习什么样的知识记录下来，再有针对性地制定出员工的学习方案。这样事先准备好才能做到有的放矢，提高培训效率。

——了解员工的目标

如果想对员工进行培训，那么一定要先了解员工对自己有一个怎样的要求，他们的目标是什么。管理者可以通过调查问卷或者谈话的方式将员工想完成的目标记录下来，再根据员工目前的职位、业务水平等为员工制定一个具体的培训方案。

——培训前与员工沟通

当确定了员工到底该参加一个什么样的培训前，管理者应该与员工做一次深入的沟通。将整个培训的目的、过程以及可能会取得的效果与员工进行交流，让员工彻底理解培训并服从上级的安排。同时鼓励员工说出自己的想法，了解员工的真实意愿。

制订有效的人才培训计划

对一个国家来说，人才是兴邦的有力保证，也是一个企业发展的根本。这已经是社会上公认的论断了。很多企业管理者也逐渐认识到了人才的重要性，并且用尽一切方法招募、留住更多优秀人才。

但是，有一部分企业在招到优秀人才后，却使用不当，运用“榨”的方式来使用人才，让其不断输出却得不到补充。日积月累，这些人才的专业技能跟不上行业发展趋势，逐渐变成庸才了。可见，培训的意义非常重大。培训不仅可以吸引人才，还能够开发人才、留住人才，能够为企业增加无可估量的价值。

很多人才在考虑是否加入一个企业时，都会考虑雇主能不能给自己提供好的培训机会。因此，不少世界500强企业都以培训机会来吸引人才，可以肯定地说：“培训的价值是无价的。”

但是，并不是所有的人才培训计划都能够做到有的放矢，达到管理者预想的效果。只有合理的、有效的人才培训计划才能发挥更大的作用。因此，制订一个有效的人才培训计划，是管理者在进行培训投资前必修的一课。

1962年，美国零售业传奇人物山姆·沃尔顿先生在阿肯色州成立了第一家沃尔玛，当时的沃尔玛还只是一家小的百货商店。经过50多年的发展，沃尔玛公司已经成为全球最大的连锁零售企业。目前，沃尔玛已经在全球多个国家开设了7900家商场；全球雇员人数超过210万；并且连续三年位居《财富》500强企业榜首。

沃尔玛成功的秘诀，就是以人才的培养来留住大批优秀人才为企业服务。在沃尔玛，让每位员工实现自己的人生价值是企业管理者们追求的目标。在他们眼中，员工不应该只是用双手干活的工具，更应该是智慧的源泉；每一个员工的创造力都是非凡的。员工就好比是一口井，而沃尔玛的管理者们则是“挖井人”。

因此，沃尔玛建立了一套合理并且行之有效的员工培训机制，并将大量的资金投入培训中以保证培训的顺利实施。沃尔玛位于全球各国的分公司，都应该在每年的9月份，与总公司国际部共同制订年度员工培训计划。此计划包含的内容非常多，比如员工的入职培训、升职培训、专职培训等。不仅如此，每项培训还含有30天、60天和90天的回顾培训，用这种方法来巩固培训效果。

同时，美国沃尔玛总部还开设了沃尔玛零售学院，在各级商店都开设有各类培训班，利用员工不上班的时间对员工进行培训。例如公司的山姆营运学院等培训组织，专门对公司的高级管理人才进行培训。

而那些各个分店的经理人，沃尔玛对其进行的培训更严格。除了会对他们本身拥有的能力进行提升外，业务能力的提高也十分重要。沃尔玛的最高层不会直接指导每家分店的经理该如何做生意，而是为他们营造一种学习的环境，让分店经理们学到更多的管理营运知识。

针对员工的不同情况，沃尔玛提出了“经验式培训”的课程。这种培训是以生动的游戏和表演为主，培养员工换位思考的能力。培训老师为员工们讲故事，给他们表演和做游戏的机会，让员工身临其境地参与到培训中来，这种方式让员工觉得既有趣，又有效。

很多在沃尔玛工作了多年的员工都表示，沃尔玛不仅提供给他们需要的物质，还帮助他们实现了人生价值，他们甘愿为这样的企业付出自己的劳动。

沃尔玛的人才培养理念和它制订的一套科学而且有效的人才培训计划，使得企业发展长盛不衰。

留人心经

培养人才的最终目的还是使用人才，从这个角度来说，企业的投资非常值得。管理者们如何制订出一个科学有效的人才培训机制，才能使自己的投入收益最大化呢？

——注意因材施教

不论在哪家企业，每个员工的岗位和责任都是不同的，尤其是一些大型企业，员工水平参差不齐，在人格、智力等方面也有差异。因此，对担任工作所需要的员工素质等也存在着差异。有的员工自身条件好，很快就能胜任工作，而有的员工则不能，做起工作来比较费劲。所以，管理者在不同的员工之间进行岗位培训，就应该注意到这些差异，做到因材施教，不能“一刀切”。只有针对不同的对象选择不同的培训方式，才能取得良好的效果。

——不能脱离现实环境和工作需求

越来越多的企业管理者开始注重员工培训，但是，也有一部分企业管理者发现，对员工所做的培训没有取得很好的效果，令管理者们苦不堪言。其实，造成这个结果的一个重要因素，就是忽视了环境及员工的工作需求。据研究显示，一个员工70%以上能力的释放都依赖于他所处的环境，同时，很多管理者错误地认为培训就是学习知识，不如让员工之间互相学习更好。但因为每个人的工作需求都不一样，因此，员工们根本就不知道应该向别人学习什么，互相学习也就无从谈起了。

——培训计划应注意循序渐进

对员工的培训应该是一件循序渐进的事，不能操之过急，管理者应该认识到这一点。它是一项系统性的工程，不可能取得立竿见影的效果。因此，管理者在设计培训计划时，就应该将这个观念灌输到整个培训中去。

对新员工进行岗前培训

企业在新员工上岗以前，就应该向新员工提供一个岗前培训。这个培训的内容应该是关于企业的基本情况，以及员工即将就职岗位的情况。比如员工的工资如何发放，加薪和晋升都有哪些制度，工作时间和工作量以及新员工将会与哪些员工共事等。这个过程很有必要，因为它是将新员工职业化的一个重要组成部分。

岗前培训的针对性、目的性都很强，特别是很多新员工来自不同的文化环境，这时候岗前培训就更有必要了。它能够帮助员工尽快了解企业文化，尽可能快地适应工作环境，提高工作效率，顺利渡过与企业的磨合期。

丰田汽车在对新员工进行岗前培训方面一直处于行业领先地位。每当新员工到丰田报到的时候，都会接受丰田公司为其提供的岗前培训。这项培训包括丰田公司的理念、历史，丰田公司的技术和产品，以及员工在丰田公司应该具备的一些基本常识。

比如，一个即将在丰田公司从事商务工作的新员工到丰田公司，就会接受岗前培训。他也会被告知应该具备什么样的礼仪，以及他的工作方式应该是什么样的。还有一些关于工作方面的指导，包括应该怎么开展工作，岗位的现状和未来的发展计划等。不仅如此，为了让新员工尽快适应公司的环境，丰田公司还推行了特殊的“师徒制度”，让新员工用最快的方式融入到丰田公司。

丰田公司的岗前培训除了给新员工提供公司背景等知识外，还改变他们的观念。让员工接受丰田式的质量观、团队精神、个人发展以及相互尊重等。这个过程一般都会持续四天。

岗前培训的第一天，丰田公司一般都为员工做一个简单概括的训练内容。早上6：30，公司会对新员工表示欢迎，然后简单地介绍上岗前培训的内容。花一个半小时的时间与他们交流公司的文化和历史；用两小时的时间讨论公司的福利；再用两小时讨论丰田在质量和团队精神方面的政策。

第二天的培训主要是向新员工灌输沟通的思想。向新员工强调相互尊重、开放式沟通和团队精神的重要性。除此之外还包括安全生产、环境事项以及丰田的生产系统，公司图书馆等内容。

第三天的培训主要是在第二天的基础上加强沟通的训练。

第四天的培训内容发生了变化，侧重点放在了团队精神上。上午的课程是团队训练、丰田的系统加入等。下午的课程包括防火、灭火等训练。

经过丰田公司四天的岗前培训，新员工们开始逐步接受丰田公司的理念，并且很快地适应了丰田公司的环境，在熟悉的环境下发挥自己最大的潜力。

丰田公司利用上岗前的培训对员工进行教育引导，使新员工顺利地从一个局外人变成公司的一员。也正是这个举措，让员工感到了公司的细致及对自己的关心，从而乐意留在公司为公司付出自己的努力。

留人心经

很多管理者以为岗前培训不过是走形式而已，事实并非如此。要想为新员工设计出一个有效的岗前培训，是要付出一番努力的。在这里向广大人力资源管理者提出几点实用性比较强的建议。

——培训开始在录用前

在招聘时，管理者就应该有意识地开始对目标人选进行“上岗前教育”。在招聘时，管理者可以向未来的员工介绍企业的背景及经营理念，特别是对招聘岗位的要求等。这个阶段其实是岗前培训的开始。一旦申请人接受了这份工作，公司就应该与其保持密切的联系，一直到该员工报到上班。比如给员工发一封言辞恳切的信或者是寄几份企业的内部杂志，或者是管理者给员工打一个个人电话，都是不错的选择，让新员工感到企业对他的加盟很满意。

——做好报到第一天的工作

每个新员工到企业后的第一天，难免会紧张并且带着各种疑虑。这时候，管理者应该亲自迎接新员工，并且要和他们就第一天的日程安排展开讨论，为岗前培训做好准备。一般来说，第一天不能安排太多的内容，绝大部分新员工只能接受一部分内容，信息量过大会让他们在下班以后感到不知所措。

——选择多种培训方法

传统的培训方法大多以培训师授课，新员工听课为主。但是，随着社会的发展，这种培训方法已经不能够解决所有的问题了。因此，管理者除了选择传统培训方法以外，还可以采用角色扮演法、情景模拟法、小组讨论法以及计算机辅助等方法。这些都是很常用，也很有效的培训方法。

多层次培养人才

越来越多的企业管理者都能够意识到对人才进行培训的重要性，但是又常常陷入到培训人才的误区中。一般的企业都是将大量员工放在一起培训，由于每个员工的学习能力、接受能力、思维转换速度不一样。所以，一次培训出现参差不齐的现象很常见，但作为企业管理者，希望每个员工都能取得优异的成绩。这样一来，就产生了一种新的矛盾。

这个矛盾令很多管理者感到烦恼。其实管理者只要采取多层次培养人才的方式，就能够有效地解决这个矛盾。虽然不能让每个参训员工的水平都保持一致，但能够取得“物尽其用，人尽其才”的效果。

毫不夸张地说，只要提到迪士尼，每个人的嘴角都是挂着微笑的，这三个字给所有的人带来一种童话般的梦境。如今的迪士尼，已经从动画电影的行业发展到社会上的各个行业了。比如，迪士尼饰品、迪士尼手表、迪士尼箱包、迪士尼少女装、迪士尼家居用品、迪士尼毛绒玩具、迪士尼电子产品等。很多人从小看迪士尼的动画片长大，对迪士尼有着近乎依恋的情节，因此其涉及的各大产业都受到了广大消费者的一致好评，商业价值不菲。

2008年，迪士尼在《商业周刊》世界100强排名中居于第9位。迪士尼取得如此骄人的成绩，与其对员工进行培训、灌输信仰、严密契合和精英主义等是分不开的。在迪士尼，不管员工身处什么职位，都必须参加迪士尼大学的新人训练。迪士尼大学是企业内的社会化训练组织，作出这个举措是迪士尼公司为了向团队的新人介绍迪士尼的传统、哲学、组织和做生意的方式。

即使是对进入迪士尼乐园的按时计酬的员工，迪士尼都会经过严格的考核。即便是一个清洁工，都要经过至少两次面试官的口试筛选。所有新进入迪士尼的员工都要接受很多天的培训，迅速学习其特有的语言：员工是“演员表上的演员”、顾客是“贵宾”、群众是“观众”、值班是“表演”、职务是“角色”、职务说明是“剧本”、制服是“戏装”、人事部门是“分派角色部门”、当班是“在舞台上”、下班是“在后台”。

用这种方法，迪士尼强化了员工的心态。培训讲师会告诉所有的员工，每个人都知道麦当劳是在做汉堡，而迪士尼，做的是让所有的人都快乐。因此，迪士尼要求员工做到不论顾客是来自什么地方，说的是什么语言，从事什么行业或者是有什么样的肤色，都要让这些顾客感到快乐。

因此，新人们都被安排在特别设计的培训室里进行培训。培训室的墙上贴了很多照片，全是沃特·迪士尼和他创作的著名角色，比如米老鼠、白雪公主等。每个员工都要学会微笑，发自内心真诚的微笑。经过一段时间培训后，每个新员工都要与一个有经验的同事搭配起来工作，这样有利于他们了解工作的精细之处。

迪士尼用这种多层次培养员工的方法，让他们给每位顾客带来快乐。这种快乐，一直延伸到顾客的心里。曾经有位顾客在零售店里看到了一个略为褪色的迪士尼角色玩偶时说：“要是迪士尼叔叔看到了，一定会觉得羞愧。”

因为迪士尼一直坚持多层次地培养员工，所以迪士尼公司一直在成长。即使在沃特·迪士尼去世后，迪士尼公司也没有失去自己的核心理念，而传递核心理念的就是这些受过公司培训的员工。

留人心经

对员工进行多层次的培训能够取得很理想的效果，但是管理者们一定要避免走入以下几个培训误区：

——误选、忽视培训人员

有的管理者认为，负责培训的人一定要是公司的最高领导人，只有这样才能够显示出公司对培训的重视。其实不然，最高领导人直接给员工培训可能会使员工感到紧张，从而延长培训时间；其次，很多管理者认为，培训就是所谓的窍门、锦囊妙计等，这样会使员工对培训及培训方案的看法出现偏差。同时，管理者不要将目光全部放在被培训的员工身上，也应该关注培训者。虽然很多企业给了培训工作人员高薪水，但由于这些人往往具有高水平、活动能力强，他们对“尊重”更加重视。因此，只有管理者尊重他们，满足了他们的心理需要，才能激发他们的热情。

——灌输太多内容

俗话说：“一口吃不下一个大胖子。”因此，在对员工进行培训时，不要急于求成。一次给员工灌输太多，会影响员工对培训内容的吸收效果。应按照正常程序，一步一个脚印，才能让员工的接受和理解能力保持一致。

——将培训等同于讲课

将培训等同于讲课是培训中的大忌。传统的培训是以讲课为主，但是已经不能满足现代企业对员工的培训需求了；应该以“练”为主，这样才更活泼、更全面。一旦培训系统化以后，员工也容易掌握。从长远来看，这样做更节省开支。

——使员工紧张

对待员工培训应该有耐心，不能给员工造成紧张感。员工紧张很容易造成内心慌乱，妨碍员工用清醒的头脑去思考问题。这种做法从本质上讲是在延缓、终止学习进程。很多时候，员工在没有被施加压力的情况下已经很紧张，一旦管理者再向其强调一些复杂的内容，就更容易让他们的头脑混乱。因此，管理者应该让员工放松下来，再接受培训。

重点优先培养有能力者

根据80/20法则我们可以知道，在任何一家企业中，20%的精英人才创造出了公司财富的80%，而剩下的80%的一般人才创造了公司财富的20%。作为企业管理者，在20%和80%中，你会让哪一部分人获得优先、重点培训的权利呢？

几乎所有的管理者都会选择能为公司创造更多利润的20%，管理者们作出这样的选择是有他们的理由的。根据韦尔奇“活力曲线”的概念，员工可以分为A类、B类和C类。A类即是20%明星员工，他们对工作总是激情满怀，勇于负责，并且思想开阔、富有远见；不仅自身充满活力，还能带动周围的人提高企业的生产效率。相关研究证明，一个优秀员工的产出可能会比普通员工高出20倍。

因此，重点优先培养员工中的佼佼者能够起到事半功倍的作用，何乐而不为？

1990年，苏宁电器在江苏南京成立。经过20多年的发展，苏宁电器已经是中国3C（家电、电脑、通信）连锁零售企业的领先者。2009年，苏宁在中国30多个省、直辖市、自治区的300多个城市中开设了1000多家连锁店；营业面积超过500万平方米；员工人数超过12万；年销售规模突破1000亿元；位居中国企业500强第54位；同时还入选《福布斯》亚洲企业50强。

对苏宁而言，独特的战略人才培养机制是其快速发展的根本。苏宁从不同的渠道招聘来各种高素质员工，再经过系统化的专业培训，为他们量身定做成各个岗位需要的专业化人才。

苏宁一直坚持“自主培养、内部提拔”的培养方式。每位大学毕业生到苏宁工作时，不论工作岗位在管理部门还是服务终端，公司都会为其准备一名指导老师，对其进行日常培训。不仅如此，苏宁电器的各个管理中心和子公司的负责人，都要成为大学生的培养责任人，这是他们工作绩效的一个重要考核依据。通过系统的培训，一期培训95%以上、二期40%以上的员工都已经晋升为主管或者是部长级别，成为苏宁各个集团部门的中坚力量。

除了对大学生培养很重视，苏宁对重点优秀人才的培养也从来没有放松过。2004年，在全国十大城市的各个分店，苏宁启动了“百名店长工程”。这项工程是针对苏宁连锁快速发展的形势而制定的、对店面管理人员进行的培训。这期培训约有200个课时，对管理人员开展了军事训练、企业公共知识、连锁店专业知识以及管理人员综合素质四个方面的培训。培训取得了很好的效果，一共为苏宁集团储备了100名优秀的连锁店长。从2005年开始，连锁店每年培养储备100~200名连锁店长。

百名店长培训是通过讲师的讲解、店长之间的互动交流和借鉴店长自身的优秀案例，来发掘在日常市场运作中存在的各种问题。同时，还结合各个市场门店的不同特点，立足于连锁店管理人员的自身条件，为店长们量身制定有效的解决方案，从而全面提升市场店面的销售业绩。这种培训改变了店长的精神面貌和士气，提高了团队精神，店长们的自制力和执行力都有了显著提高。同时，还提高了连锁店内其他员工的工作士气。

苏宁电器坚持推进人才培养战略，并且造就了一大批适应苏宁经营管理风格及忠诚于企业发展的专业人才，为苏宁未来的发展打造了一支优秀、坚不可摧的人才舰队。

苏宁电器在短短的20年时间内取得了如此令人瞩目的市场业绩，与其培养人才的模式息息相关。重点人才重点培养，为苏宁未来的发展保驾护航。

留人心经

很多公司管理者都明白重点人才应该优先培养的道理，但是在实施过程中往往会遇到这样或者那样的困难。在这里向人力资源管理者介绍几个在培训过程中应该注意的问题。

——培训质量重于数量

很多人力资源管理者都容易犯一个错误，那就是在对员工进行培训时贪多求快。他们恨不得员工能够在第一天接受培训后，第二天就能够成为“多面手”，在公司是工作就会干。甚至还有的企业管理者希望员工能够像机器人一样不知疲倦地工作。这样的想法是错误的，培养员工应该是以重点、从质量为重，即使速度慢一点都没有关系。只有将培训落到实处，让员工真正学到东西，才能够帮助员工树立起信心，提高他们的工作效率，达到培训的目的。

——发现重点优秀人才

发现重点优秀人才对重点培训来说非常重要。只有管理者真正辨识出了企业里的优秀人才，才能够针对这些人才，制定出合理有效的培训方案，这是培训的基础。假如管理者在这一步就选择错误的话，就印证了那句：“方向错了，做得越多，错得越多。”结果肯定与管理者的初衷大相径庭。

——平衡所有员工的情绪

其实，很多管理者都想在自己的企业内推行重点培养的原则，但又怕这种做法在其他员工眼中是有失公平的，前思后想之后还是没有实施。事实上，管理者只要坚持做到一碗水端平，在选择人才的过程中注意公平，这种做法是能够被大家接受的。因为员工们更在意的是管理者对自己的态度以及选拔过程的公平性。

轮岗培训，全面提升员工能力

很多企业管理者在管理过程中会发现这样一个尴尬的现象，很多刚进企业工作热情高涨的员工在工作了几年之后，就像被人泄了气的皮球一样，没有任何劲头。无论管理者用什么样的方式激励都没有太大的收效，令人十分苦恼。其实，管理者换个角度想想，这种现象的出现是可以理解的。

一个人在任何一个岗位上待久了，都会或多或少产生一些厌倦情绪，也慢慢产生了惰性，失去了工作的激情和创造精神。对此，有管理者在工作过程中总结出一个有效根治的新方法——轮岗制度。在实施轮岗以后，新的岗位对员工来说就是一种全新的工作内容，让他们感到刺激和富有乐趣，在很大程度上提高了员工的工作积极性。

但是在轮岗前，对员工进行培训很重要。轮岗培训能够让员工对新的工作环境和业务有一定的了解。为他们补充新的知识，还能够让他们对整个行业和企业都有所了解。不仅如此，员工自身也能学习到更多的工作技能，对自己的能力有一个全面的提升。员工若不想待在自己的岗位上，可以向上级要求换到其他岗位，这样就能避免因对目前的岗位不满而引起员工跳槽，为企业留住更多优秀人才。

每年，诺基亚都要花掉大约25.8亿欧元，用在员工的培训上面。这些经费大约占到诺基亚全球净销售额的5.8%。诺基亚的管理者深知，对员工进行教育培训，不仅能够让员工感到自己有学习和成长的机会，而且能增强他们对组织的责任感。

诺基亚对人才的培养，重点都放在了员工的个人兴趣及职业发展生涯的规划。公司利用内部网络，刊登不同国家地区、不同组织机构的空缺岗位信息。如果员工感兴趣的话，就可以通过内部投简历的方式竞争上岗。

职位申请的程序非常简单，员工在投递自己的简历后，就可以与该岗位的用人经理联系，并且与其进行一次直接沟通。得到用人经理的认可以后，员工所在的部门经理和人力资源部门就能收到这条信息。等到员工将目前的工作合理安排和交接好以后，就可以到新的岗位上任。

但是在上任之前，员工要接受诺基亚为员工提供的轮岗培训。培训讲师会向员工介绍新岗位的要求及具体业务操作方法，同时还会向员工展示曾经在该职位任职员工优秀的工作表现及案例等，以激发新员工的工作热情。

不仅如此，诺基亚还鼓励员工在不同的工作环境下挑战新的工作。比如，鼓励公司A地区的行政管理人员到B地区做销售管理人员，等等。因为这样可以让员工了解其他的工作领域，还能够增加部门与部门之间的了解与合作。

诺基亚的人力资源部为参加培训的每一类工作都设计了不同的由低到高的发展渠道；对员工在每一个级别都提出不同的工作职责要求；员工可以根据这些要求和描述找到自身的不足，从而制订有针对性的长期发展计划。

电子科技领域的人才竞争素来激烈，但诺基亚的人才流失率很低，这在很大程度上得益于诺基亚公司实施的人才轮岗培训制度。

留人心经

虽然轮岗制度能够给企业和员工来带“双赢”的效果，但轮岗制度也是一把双刃剑，假如操作不好可能给企业带来负面影响。因此，人力资源专家建议，管理者在实施轮岗培训时应该注意遵循以下原则：

——轮岗前应与员工沟通

很多员工因为长期在一个岗位上工作，已经形成一种固定的思维模式和工作方式，逐渐养成不愿意接受新挑战的心理。因此，管理者在实施轮岗前就应该做好与员工的沟通工作，否则很容易让员工误以为管理者是在故意设置障碍，想将自己扫地出门，于是产生各种心理波动。硬性让员工轮岗，很难保证员工能够在新的工作岗位上安心工作，因此，轮岗前与员工的沟通非常重要。

——做好轮岗前的整体安排

有的管理者对轮岗制度很随意，甚至只是偶尔突发奇想，因此，安排轮岗工作时没有统一的规划和安排。事发突然很难让员工接受，缺乏沟通交流，会让员工士气低落，甚至萌生去意。因此，轮岗前一定要做好整体安排，包括轮岗的时间、轮岗目标、考核标准以及交接工作清单、轮岗前的培训等。

——轮岗前培训

轮岗培训是为了让员工对新的工作环境和业务进行一定的了解，补充新的知识和能力。除了常规的业务知识培训以外，还可以考虑到帮助员工顺利渡过适应期。管理者让有经验的人对员工进行一段时间的“跟踪保护”，确保员工工作能够平稳过渡，保证工作决策不会出现大的失误。

为员工设计职业发展方向

当今社会，世界经济迅速发展，企业的技术、市场和产品以及向顾客提供的服务都会随之发生巨大变化。这种变化，要求员工必须不断学习新的技能，才能保证自己能够跟得上社会经济形势的发展。同时，企业也需要员工不断充实自己，以帮助企业适应市场发展的新需要。

个人职业生涯的发展计划在这个时候就起到了重要的作用。它是企业协助员工开发各种知识和技能，向员工提供发挥个人专长的契机。通过这个计划，让员工对自己目前所拥有的技能、兴趣及价值观进行评估，接着考虑公司及市场变化的需求，使自己的特长及发展方向符合公司变化的需求。

在欧美国家，企业都非常注重员工的个人职业发展计划，并以此来实现企业与员工之间的互动，成为留住精英员工的重要方式之一。因为，企业在帮助员工设计职业发展方向的时候，会令员工明确自己在企业的发展前景和努力方向，知道自己被看成是公司未来发展的一员，从而增强了企业的凝聚力和向心力，增强员工对企业的归属感，使员工憧憬着良好的发展前景而不愿轻易离开企业。

中国移动自2000年4月20日从原中国电信移动通信资产总体中被剥离出来以后。历经10年的发展，它已经成为中国最大的移动通信运营商，并连续三年入榜《福布斯》，是“全球400家A级最佳大公司”的唯一中国企业。

中国移动的辉煌与其独特的客户服务是分不开的，而创造这些奇迹的就是移动的员工们。拿广东的移动为例，公司一直真诚关注着员工的成长。不仅为员工定岗、定责、定级，建立了19级薪酬体系、竞争上岗等体制，还为员工提供职业生涯规划设计，真正做到了企业与员工共同成长。

广东移动根据每个员工的个人特点，采用差异化的方式来设计、确定员工的成长及发展道路，并且向所有员工公布了各种专业人员的晋升机制，让每个员工能明确并有计划、有步骤地提升个人的能力。

广东移动公司为全省范围内的员工建立了动态职业生涯信息档案库，包括员工的个人基本情况、能力测评情况、绩效情况以及个人发展意向等。除此之外，公司还完善了新的岗位体系，为员工建立了动态的职业发展道路。广东移动增设了10级~15级的晋升通道，并且从9级岗位中评选出一定比例的有能力、业绩突出的员工，晋升到10级以上的岗位，让员工的专业发展处于一种动态模式。

不仅如此，广东移动还积极完善了员工职业生涯岗位培训体系，展开了多种方式的员工培训。培训提升了员工的专业技能和素质，为有能力的员工提供更好的发展通道，激励有才能的员工不断前进。真正做到人岗匹配、能位匹配，给不同能力的人提供不同的舞台，使个人才能得到最大程度的发挥。

移动公司将员工的发展与企业的发展紧密联系在一起，促进了员工在公司内部的自我发展与自我实现。

留人心经

帮助员工设计职业发展方向很重要，下面就为人力资源管理者提出几点可行建议，以达到组织和员工彼此受益的目的。

——确定员工的职业价值观

员工的职业价值观指的是员工对薪酬与福利、晋升的机会、社会身份等的总体、细致的认识。企业应该帮助、辅导员工透彻地分析自己的现状，挖掘自己的潜能，再确定自己的需要，即确定职业价值观。

——确定员工的职业倾向

据专家研究，人按照心理素质和择业倾向，可以分为六种基本类型。即实际/操作型、艺术型、调研/学术型、事业/经营型、社会/服务型和常规/受支配型。假如管理者确定了员工的职业倾向，那么就应该根据职业的内容及其对任职人员的素质要求等，来匹配与员工合适的职位。

——向员工提供企业信息

帮助员工设计职业发展方向，要求企业向员工提供企业信息，此举非常有必要，它能够让员工的生涯目标与企业的发展目标相协调。企业应该告诉员工企业的发展战略以及各阶段目标，包括企业各发展阶段、各层次、各部门的人力资源需求以及企业文化信息；让员工对企业的未来有一个了解，从而判断自己的目标是否与企业的价值观和发展相吻合。

另外，管理者应该向员工提供关于与本行业有关的技术发展情况，将被淘汰的技术、设备、工艺，当地的社会环境情况，比如就业、社会保障情况，当地的政治、经济、文化、治安情况等。

——对员工进行跟踪管理

为员工设计职业发展方向，只做好上面的工作是不够的，还应该有跟踪管理制度。一个人的职业生涯目标并非一成不变，因为每个人的学习能力都不同。员工会在发展计划制订好以后，沿着设计好的发展道路不断地努力，从低层次逐渐上升到较高的层次，直到实现自己的目标。

随着岗位和层次的变化，员工一定会按照新岗位和层次的需求，来提高自身的素质，改善自己的素质结构。企业只有对员工职业生涯发展方向不断地跟踪和指导，对其工作进行定期或者不定期的反馈、评价，肯定好的一面，克服工作中存在的不足，才能督导员工往设计好的方向发展，最终实现其目标。

提高员工独立思考的能力

德意志银行澳大利亚及亚洲地区投资业务负责人哈米什·道格拉斯曾经说过："我希望我雇佣的每个员工都具备客观看待问题的能力，不要因自己所做的工作和别人看重他所做的工作而妄自尊大，同时他们要能够避开狂妄自大的陷阱。"从这句话中，能够看出大部分企业管理者的心态，那就是员工应该具备独立思考的能力。

很多管理者会认为，提高员工独立思考能力与员工的个人努力及其悟性等有关，企业对此并不能做什么。其实不然，企业在提高员工独立思考能力方面扮演着重要角色。虽然企业可能会为此付出一些时间和金钱上的代价，但是收获一定比投入更高。因此，很多世界知名企业都会注重培养员工独立思考的能力。

在戴尔电脑公司，每个人都必须时刻注重学习，大脑时刻处于思考的状态才能够赶上公司发展的脚步。因此，帮助员工学习，提高员工的独立思考能力也成为公司的一项重要任务。

戴尔公司常常通过各种各样的训练来帮助员工学习和思考，包括怎么做可以让自己在公司工作更轻松、更成功、更具有意义？怎样才能了解顾客的喜好？无论是在营运检讨、业务现状报告或小组讨论等会议上，公司都会花很多时间提出问题。

有一次，美国戴尔和法国戴尔公司的小组在一起开会，会议过程中有一个人问："公司为什么这么注重服务器市场？"为了让每个在场的员工都能明白这个道理，公司有关人员解释说："假如一个房间里放着一大堆钱，我们每次跑进去，就能从所有的利润中拿出一些钱。如果我们现在卖的是一部1000美元的个人电脑，意思就等于我们进房间几次都行，但不能从中拿到太多钱。可是如果卖的是10000美元的服务器，就能从每次交易中拿到大笔利润。因此，假如让你们随意进个利润会集所，能进几次就进几次，请问你们是愿意拿1000美元的个人电脑利润，还是10000美元的服务器市场呢?"

听到这番话，在场的人都明白了，原来利润总额的概念与切身利益是相关的。戴尔公司认为，提出问题，相互讨论分析，能开启员工智慧的大门，最终能够提高公司的竞争力。在戴尔工作的员工们常常能够听见一句口头禅："不要粉饰太平。"意思很明显，戴尔公司不喜欢将不好的事情美化，问题迟早会出现，直接面对才是最好的。因此，"自我批判"的态度已经深深植入戴尔人的心中，他们随时都在质疑自己，寻找改进事物的方法。

不仅如此，戴尔常常让员工在公司各部门询问同样的问题，比较得到结果的差异。比如，一个小组在中型企业市场获得了很好的成绩，戴尔就会将他们的想法传达给世界各个分公司；而另一个小组恰巧也想到了一个针对大型律师事务所的销售方案，戴尔也会将这个经验与大家共同分享。然后提出互换位置的问题，引导所有的员工进行独立思考。

就这样，在不断思索与学习中，戴尔已经将独立思考的理念灌输到每个员工的心里，让每个员工在公司里工作更轻松自如，充满自信。

员工就是戴尔这个大组织的细胞，只有每个细胞都具备独立思考的能力，才能激活整个组织。

留人心经

提高员工独立思考问题的能力很重要，但是，管理者究竟应该怎么做才能提高员工独立思考的能力呢?

——让员工用矛盾的观点看问题

让员工学会用矛盾的观点看问题是培养员工独立思考的一个重要方法。

很多人在长时间的工作积累中，已经养成千篇一律的思维模式，或者是遵循过去的经验。因此，管理者应该教会员工多方面的思维能力，不要总是用一个新的观点去替换旧的观点。让员工主动寻找和自己不一致的经历或者想法，这样才能改变员工的依赖性思维，激发员工的创造性。

——改变员工习惯性做法

在计算机网络日益发达的现代，很多人思索问题都依赖于计算机。有的人在遇到难以解决的问题时，可能会求助于互联网或者是同事、朋友。企业应该帮助员工树立独立思考的观念，让员工试想一下自己在一个与外界隔绝的状态下，还是否能够独立解决问题。如果可以，企业可以对员工表示一些小小的赞许；如果不可以，企业也应该鼓励员工继续努力。

——给员工提出质疑的机会

很多时候，员工的习惯都是在整个企业大的氛围下形成的。假如企业管理者在员工对一个问题提出相反意见或者质疑时，武断地禁止员工发表自己的看法，长时间发展下去，员工对问题提出的看法就会越来越少，还会逐渐养成一种懒于思考的习惯。有的员工会因为得不到提出意见的机会，所以对企业逐渐失望，甚至会选择离开。

经卷 6

Jingjuan

创建良好的工作氛围

形成良性内部竞争环境

“竞争”是一个让人听上去很残酷的字眼，尤其是很多人听到“内部竞争”四个字更为头疼。因为在企业内部实施竞争，一旦控制不好的话，就会造成企业内部恶性竞争、拉帮结派的现象，严重影响企业的正常运营。

但事实上，任何事物都有其两面性。有这样一个故事：挪威人很喜欢吃沙丁鱼，渔民们在海上捕得沙丁鱼后，假如能让它活着抵港，活鱼的卖价就会比死鱼高好几倍。但是，沙丁鱼生性懒惰，不喜欢运动，返航的路途又很长，所以捕捞到的沙丁鱼经常是一回到码头就死了。即使还有些活的，也是奄奄一息。只有一位渔民的沙丁鱼总是活的，并且很生猛，因此他赚的钱也比别人多很多。这个渔民一直严密地守着成功的秘密，直到他死后，人们打开他的鱼槽，才发现只不过是多了一条鲇鱼。原来当鲇鱼装入鱼槽后，因为环境陌生，就会四处游动，而沙丁鱼发现这个异类后，害怕受到威胁，也会紧张起来加速游动。这样一来，沙丁鱼便活着回到了港口。这就是著名的“鲇鱼法则”。

因此，在组织的工作达到比较稳定的状态、员工积极性不高时，引进良性竞争机制就是一个很好的选择。不仅员工队伍会被激活，提高工作业绩，还能够保持整个团队的活力。

有一次，本田宗一郎在公司考察员工工作时发现了一个令他很不安的问题，公司存在着一大批从早到晚都无所事事的员工，他们没有工作热情，抱着“做一天和尚撞一天钟”的心态“混日子”。在本田的眼里，他们是拖企业后退的“蠢材”或“废材”，于是他每天都在想该如何改变这些人的状态。

本来本田宗一郎是想开除他们的，但是想想又不合适，因为他这样做可能会受到工会的压力，也会使企业蒙受损失。左思右想还是想不到好的办法，这时候，他的得力助手、副总裁宫泽就给他讲了沙丁鱼的故事。

听完故事后，本田宗一郎豁然开朗，连声称赞说这是个好方法。宫泽补充说："其实人也是一样。一个公司如果人员长期固定不变，那么新鲜感和活力就逐渐减少了，慢慢地就养成了一种惰性，缺乏竞争力。只有感觉到有压力，才会有竞争的气氛，员工才能有紧迫感，才能激发他们的进取心，企业才会变得有活力。"本田宗一郎深表赞同，他决定依照"鲇鱼法则"对企业进行人事改革，让员工们都紧张起来。

于是本田马上就行动起来，从外面找来一些精明能干、思维敏捷的25~55岁的生力军，让他们到公司来工作，给公司带来了紧张的气氛。甚至还聘请了常务董事一级人才，让全公司的员工都保持警觉。

比如，本田觉得公司销售部经理的观念离公司的观念太远，而且思想守旧落后，这些人的思想已经严重地影响了他们的下属。所以，本田决定引进竞争机制，尽早打破销售部这种维持现状不思进取的局面。经过周密的计划和部署，他们终于把松和公司的销售部副经理、年仅35岁的武太郎挖了过来。武太郎接任本田公司的销售部经理一职后，立即制定了本田公司的营销法则；对原有市场进行了分类研究；制订了开拓市场的新计划等。经过这一系列的措施后，凭借着他惊人的毅力和工作的热情，很大程度上调动了员工的工作积极性；增强了部门的获利；公司的销售也出现了转机，销售额直线上升；知名度在不断地提高。

竞争，让每个员工都能感到自己被公平对待，大家在公司是以实力说话的。通过竞争获得晋升的人会让所有人心服口服，也会使每个人愿意使出浑身解数，发挥自己最大的能力为企业服务。

留人心经

管理实践表明，在员工内部形成一种良性竞争的风气能取得意想不到的效果。但是，稍微处理不当，就会使企业内部矛盾重重，严重影响企业的正常工作和运转。那么，管理者应该怎样把握这个“度”呢？

——发扬民主，鼓励团结

管理者一定要在企业内部发扬民主，鼓励员工团结与协作。如果出台一项决定，那么就由大家共同参与。领导或组织中的“鲇鱼”可以先制定一个初步方案，让大家参与讨论。一旦发现了不合适的地方，大家都可以提出意见或者建议。可以及时地更改方案，或者是彻底推翻原有方案，决策的最后一步就是领导作决定。如果决定已经作出了，那么所有人的不同意见都将予以保留，坚决服从领导的决策，并且要严格执行这个决策。在制定决策和执行决策的过程中，管理者需要多多鼓励“鲇鱼”，提倡团结与协作，对可能引发的矛盾冲突要注意及时疏通和制止。执行决策的结果，只要是成功的地方，领导要与大家共同分享；假如出现了过失，领导应该先自我检讨，然后再去找出过错的原因，并且承担起主要责任。

——创造批评与自我批评的气氛

作为管理者，首先就要敢于揭露自己，千万不要抢功和推卸责任。鼓励管理者做到“什么事都摆到桌面上来说”。领导要与优秀人才推心置腹，充分合作，尊重他们的人格，没有心理上的距离，双方的交流目的一定是出于工作。不带任何的个人恩怨或成见来剖析成败得失，分析问题产生的原因，提出解决问题的办法。

——公正、公平、公开地对待人和事

优秀人才有着巨大的能量，所以对“三公”要求更加特别，他们希望得到领导和组织成员的认同，有着超强的成就感，渴望得到公正的对待。所以，管理者要注意“一碗水端平”，要注意解释，争取他们的理解。

提供良好的工作环境

如今，很多优秀人才在寻找工作时，都会将公司的工作环境当做是否选择这家公司的一个重要依据。可以设想一下，一个公司既无暖气也无空调，在大冬天里，员工们的工作效率一定不会高；或者是一家公司，有暖气又有空调，但是让很多员工挤在一个很小的办公室里，一不小心就会碰翻同事的茶杯，杂物到处堆放，满地都是灰尘。员工在这样的环境下，怎么能安心工作呢？

工作环境是一个企业形象的表现，每个企业都应该在资金允许的情况下，尽量给员工提供一个良好的工作环境。假如整个企业内暮气沉沉，没有丝毫生机可言，而且工作场合给员工留下脏乱的印象，员工的工作心情也会受到影响，工作效率自然会很低下。身在这样的环境中，员工的性格都会变得更加孤僻。开始时或许会有一些抱怨，到后来干脆保持沉默。最后，即使再喜欢自己的工作，对公司再忠诚的员工，也会萌生去意。

1992年创刊于美国的《读者文摘》(Reader's Digest)，是一本能引起大众广泛兴趣的、内容丰富的家庭杂志，也是目前世界上最畅销的杂志之一。它拥有48个版本，用19种语言发行，并且畅销于全世界60多个国家。它所涉及的故事文章涵盖了健康、生态、政府、国际事务、体育、旅游、科学、商业、教育以及幽默笑话等多个领域。《读者文摘》的宗旨，是为全球不同年龄及文化背景的读者启迪心灵、拓展知识领域、提高生活素质、增进生活情趣。

《读者文摘》不仅在业绩方面取得了令人瞩目的成就，而且在营造办公室环境方面的努力也令人称道。《读者文摘》的总部位于纽约市的读者文摘路，总部是一座乔治亚式的建筑，从外观看上去，就像图画中的历史博物馆或者宫殿。

走进去，就会发现办公室内部陈列着古典优雅的木制桌椅，办公室的墙上挂满了名家画作。置身于这样的环境当中，你很难感受到这里是一个时常会面临催稿压力的地方。在这栋大楼里，只有在午餐时间才会从餐厅中传出一些声音。为了让员工在更好的环境中用餐，公司特意将餐厅装饰一新。整个餐厅环境幽雅、阳光充足、气氛非常好，员工在这里花很少的钱就可以美美地吃上一顿。

在大楼的北侧，有一片菜园。假如公司员工有兴趣的话，可以在这里申请一块地，选择自己喜欢的花木、蔬果来种植。公司不仅为这些员工提供免费的土地，还为员工提供农具和肥料；到冬天还会有人专门给这些蔬果盖上防寒护套，让每个员工都非常放心。

其实，公司这么做，是为了让员工在工作之余释放压力，以更高的热情投入到工作中去。而员工们在享受这一切的同时，也感受到公司的良苦用心，更加勤奋工作以回报公司。

《读者文摘》为其员工提供了舒适的工作环境，让他们在紧张工作之余能够放松身心，从而以更加旺盛的精力投入到工作当中去。

留人心经

无论如何，作为企业的管理者都应该适当关注员工的工作环境。只有为他们提供一个舒适的空间，才能够让他们心情舒畅，干劲倍增。但是，企业管理者如何才能为员工提供一个良好的工作环境呢？

——提供良好的办公环境

一个良好的办公环境，不仅能够提高员工的工作效率，振奋员工的精神，还能够增加员工对企业的认同感。一个简单、舒适的办公环境，能够让员工远离一些不必要的干扰，舒舒服服地在自己的办公室里整理得到的信息，制订出工作计划。因此，管理者应该保证办公环境的干净、整洁、舒适以及美观，并且不断地进行优化。只有这样才能够吸引员工，激励他们的工作热情。

——营造适于创新的氛围

毕竟，办公室不是用来休闲的，最终目的还是激励员工发挥自己的工作热情。因此，为员工们营造一个适于创新的氛围十分重要，它是公司的重要使命之一。如果想获得连续不断的创新，公司应该创造出一种培育员工奋斗的氛围，管理者必须为他们营造出一种适合创新的氛围。让他们的独立权、自主权得到保障。

创建舒适的人文环境

人文环境也叫做企业的软环境，它是一种比物质环境更为重要的外在因素。人文环境存在于人的精神层面。对于员工而言，人文环境的好坏直接影响着他们才能的发挥。因此，企业管理者应该为员工提供舒适的人文环境。

为员工提供人文环境，要求管理者做到以人为本，不仅要为员工提供良好的工作环境，还要创造宽松的晋升环境，以及单纯的人际关系。很多离开工作很多年的员工都有一些苦衷。例如，晋升机会太少，工作了很多年都还是原地不动，前途无望；或者是办公室斗争太激烈，弄得自己筋疲力尽，还不如重新换个工作，等等。试想一下，当员工将精力都用在办公室斗争等问题上，又怎么会有精力面对工作呢？

因此，优秀的管理者们应该从长远出发，尽力完善公司的人文环境，使每个有才能的人都能得到重用。让他们各尽其才，展现自己的能力，实现自己的人生理想。这样才能够真正留住他们。

2002 年，康柏被惠普公司兼并了。因为各种心理原因，康柏原来的职员对惠普公司微词颇多。同时，也对惠普的员工产生了一种敌对的情绪，终于导致了双方员工之间的争端。

在惠普，公司职员都喜欢用电话留言沟通，这几乎成为他们的一种生活习惯。但是康柏的员工却喜欢用电子邮件进行交流。在被惠普兼并之前，康柏的员工即使就坐在某个同事的边上，也喜欢用发电子邮件的方式与他进行沟通。

惠普公司的职员对这个行为很不能接受，觉得十分别扭。于是就问康柏员工："这么近，你干嘛不先打个招呼？"面对惠普员工的指责，康柏的职员也不甘示弱，他们也十分恼火地回应："你没有及时回我的邮件，这样对待工作却指责我？"惠普的员工说："为什么一定要用邮件回复，这样不仅麻烦，还耽误大家的时间，你可以选择用电话回复的。"

面对这样的场景，康柏职员振振有词地说："如果我用电话给你回复，到时候出了问题，你赖账不承认了，我又口说无凭。没有证据能说得清楚吗？"但是惠普员工并不赞同康柏员工的观点，于是反唇相讥："人都是感情动物，你没头没脑地要我给你办事，我又不知道你是谁。再说，我每天总不能什么事都不干，就守在电脑前等你的邮件吧，我每天接收的邮件多着呢，哪有工夫理你？"

如此一来二去，双方员工之间的矛盾不断升级，怨气也越来越重。其实，惠普的员工都不担心对方赖账，惠普文化中最重要的一点就是诚信。如果一个人在公司赖账一次，那么以后就会被整个公司员工排斥。但是原来在康柏公司，主要就是靠电子邮件交流，长时间积累下来成了一种习惯。迅速快捷，白纸黑字清清楚楚，但是在惠普员工的眼里，这么做简直就是"不近人情"。

这么纠结下去，不利于整个公司内部的团结，一点点小问题就可能引发大问题。公司的管理者为此召开了紧急会议，要商讨出一个有效的解决方案来。最终，新惠普公司经过一番考察之后借鉴了原来康柏公司的做法。在员工不方便见面时，就以电子邮件作为首选的沟通手段；假如能见面的话可以采取别的办法，避免出现差错。同时，为了平衡所有员工的想法，公司给康柏员工也配备了留言系统。这样，双方员工之间就可以运用多种方式进行沟通了。

采取了这一系列措施之后，双方员工之间的怨气也慢慢地被团结所代替，公司内部一片团结向上的景象，员工们的工作积极性也更高了。

良好的人文环境是员工留在企业的一个重要理由。假如在双方员工矛盾升级时公司没有解决这件事，必然会导致大批人才流失。新惠普的管理者及时解决员工之间的争端，为员工们提供了良好的工作环境，激发了员工的工作热情。

留人心经

怎样为员工提供舒适的人文环境呢？以下几点可供人力资源管理者参考：

——为优秀人才提供晋升机会

一般而言，年轻人都比较喜欢新鲜的事物。因此，很多年轻员工都喜欢富有挑战性的工作，并希望自己的工作能够有些变化而且充满乐趣。他们不喜欢待在乏味的工作环境中，而是希望自己的成就感与好奇心能够在工作中不断得到满足；在取得成就时，希望能够得到及时、明确的肯定。因此，企业在任用年轻的人才时，一定要考虑到这一点，为其提供良好的晋升机会来激励他们前进，实现企业与员工的共赢。

——维护稳定的企业内部人际关系

由于企业员工众多，员工之间的人际关系也变得复杂。在企业内部，经常会出现员工之间因为各种原因而争执，这些都是不可避免的。一旦员工之间闹得不可开交，企业管理者就应该及时解决这个争端。通过疏导唤起员工内心的理智，“化干戈为玉帛”，维护企业内部的“和”，理顺员工之间的关系，才能稳定人心。

——鼓励发扬团队精神

企业的竞争压力来自各个方面，但人力资源永远是取得胜利的法宝之一。只有高绩效的团队才能创造高绩效的企业。每个团队成员都起着不可替代的作用，当每个成员都发挥自己的最大力量时，团队的力量也会最大化。因此，管理者应该鼓励员工发扬团队精神，不仅能提高企业的效益，也能让员工产生心理归宿感。

实行柔性管理

“柔性管理”是相对于“刚性管理”而言的。“刚性管理”的含义是以“规章制度为中心”，用严格的规章制度约束管理员工；“柔性管理”则提倡“以人为中心”，对员工进行人性化管理。

从本质上说，“柔性管理”是一种针对“稳定和变化”进行管理的新方略。思维方式从线性到非线性的转变，是“柔性管理”理念确立的前提。线性思维的特征是历时性，而非线性思维的特征是共时性，也就是同步转型。柔性管理的任务就是，从表面现象上能够看出事物发展和演化的规律；洞悉下一步的发展方向；识别潜在的未知需要和开拓的市场；进而预见变化并自动应付变化。

“人性化”是“柔性管理”的标志。它强调了跳跃和变化、灵敏与弹性、速度和反应；它注重平等和尊重、创造和直觉、远见和价值控制、主动和企业精神；它依据信息共享、竞争性合作、虚拟整合、虚拟实践社团、差异性互补等。实现管理和运营知识由隐性到显性的转化，从而创造竞争优势，留住优秀人才。

保罗·高尔文于1928年创办了摩托罗拉公司，过去它一直是美国主要的电子产品制造商。

20世纪70年代，电子工业蓬勃发展，在畅销的电视机及计算机芯片等产品中均可发现他们的产品。如今，摩托罗拉公司早已成为世界500强企业之一，并有着广阔的发展前景。

摩托罗拉公司的根本宗旨就是：尊重人性；为员工、客户和社会做有益的事情。并始终把这一理念作为指导企业发展的最高准则。摩托罗拉最有特色、最重要的就是尊重人性的人格化管理。

摩托罗拉公司企业文化的基石，是对人保持不变的尊重。对人的尊重主要是通过“肯定个人尊严”等活动体现出来的。在摩托罗拉公司，人的尊严被定义为：实质性的工作、了解成功的条件、有充分的培训并能胜任工作、在公司有明确的个人前途、及时中肯的反馈、无偏见的工作环境等。每个季度，员工的直接主管会与其进行单独面谈，就以上六个方面或更广的范围进行探讨。在双方取得共识后，员工会将自己对以上六个方面的评价，输入一个全球性的电子系统中，供总公司汇总并存档。在谈话中发现的问题，通过正式的渠道加以解决。员工有着充分的自主权，也得到了充分的尊重。

此外，摩托罗拉公司的员工还享有充分的隐私权。员工的机密记录，包括病例、心理咨询记录和公安调查清单等都与员工的一般档案分开保存。公司内部能接触到雇员所有档案的，仅限于“有必要知道”的有关人员。员工的私人资料，只有在征得本人书面同意的情况下才能对外界公布。这种对员工隐私的周密保护，也充分体现了公司尊重人性的原则。

在此基础上，摩托罗拉为解决员工的困难，还有着开放的沟通渠道。摩托罗拉公司的开放沟通政策是指公司为促进员工关系，鼓励和增强员工参与意识所采取的双向沟通策略。它充分体现了摩托罗拉公司以人为本、尊重个人、发挥人的潜能、实现个人价值与企业共同发展的经营理念。这就使员工和企业共同营造开放的沟通环境及相互尊重的文化氛围成为可能。通过开放式沟通，公司可以随时了解和关注员工中存在的各种问题，听取员工的改善意见；员工也可以采用公司内部各种沟通渠道，与公司管理层及相关部门进行直接沟通，或通过各种途径全面了解公司内部有关政策和生产、经营、管理、业务及培训发展的状况。员工可以根据个人情况选择不同的沟通方式，比如，参与“总经理座谈会”、“肯定个人尊严”对话等方式。员工可以通过“畅所欲言”和“我建议”等形式反映个人问题，进行投诉或提出合理化建议。通过开放式的沟通，使员工便于采用不同的沟通方式进行直接沟通；管理层也可以根据存在的问题及时有效地处理好员工事务，以不断促进员工关系，创造良好的工作环境。

这种人性化，不仅表现在对待公司员工身上，还表现在对待离职的员工身上，公司有着平和的离职安排。在摩托罗拉公司，即使是在离职问题上也能体会到公司对员工的尊重。公司尽最大的可能将裁员降至最低限度。如果必须裁员，裁员人将根据员工的业绩、技能和服务年限等各方面作出抉择。在公司服务满10年的员工未经董事长和总裁批准不允许列入裁员名单。当员工由于个人或公司业务需要而离开时，公司还将视情况提供诸如安排其他工作、帮助介绍外面的工作、发放补偿金和继续发给某些福利和工资等帮助。

“柔性管理”的最大特点是它不需要依靠外力，如发号施令；而是依靠人性解放、权力平等、民主管理，从内心深处来激发每个员工的内在潜力、主动性和创造精神，使他们能真正做到心情舒畅、不遗余力地为企业开拓优良业绩，成为企业在激烈市场竞争中取得竞争优势的力量源泉。

留人心经

优秀的管理者们都拥有着过人的自信、迎难而上和坚持不懈的精神，认为“刚性管理”是最有效的管理风格。其实不然，“柔性管理法则”就向我们展示了尊重员工人格所带来的巨大效益。那么管理者应该如何运用“柔性管理法则”呢？

——关注员工的个体发展

员工的培训与教育是员工不断发展的源泉。在当今信息日新月异的时代，不断地学习成为企业对组织和个人的基本要求。所以，对员工进行培训和教育是吸引人才、留住人才的重要方式。企业在发挥员工作用的同时，要重视对员工的职业生涯的设计；对员工进行投资，加大对他们的培养；让他们与企业一同成长；使他们有担当重任和终生就业的能力。只有当员工觉得在企业会有很好的发展前景，能学到各种对自己有益的东西时，才会忠诚于这个企业，努力为企业作贡献，将企业的荣辱与自己的发展联系在一起。

——实行弹性工作制

人的内心是反对被“管理”的，过分的管理会使一部分富有创造力的员工丧失工作的激情和创造力。鉴于此，管理者可以根据各人情况对这部分员工实施弹性工作管理，让他们能够更好地安排自己的时间和精力，提高他们对工作的满意度。现代信息和网络技术的发展，为弹性工作制提供了很好的物质支持，不仅满足了这部分员工的需求，还节省了企业办公费用，降低了开支。

——赋予员工具有挑战性的工作

很多有能力的员工具有强烈的自尊和自我实现的愿望。管理者可以使他们的工作更具有挑战性，对他们产生激励作用。赋予他们具有挑战性的工作，使他们在工作中有机会获得一种成就感和责任感，觉得自己受到了重视，发挥了自己的才华。因此他们会想方设法地提高自己的水平，尽力地做好工作。

——培育优秀的企业文化，提供和谐的工作环境

不要以为企业文化看不见摸不着。假如企业文化能被员工乐于接受的话，员工就能产生强烈的归宿感，并且自愿地奉献忠诚、责任心和创造力。很多公司都有自己特定的文化，如惠普、NEC等。优秀的企业文化突出的是创新的重要地位，不断推动和组织员工学习、培育他们和谐的人际关系、促进团队合作等。和谐的工作环境是员工发挥能动作用的重要保障，包括办公环境、组织结构、管理程序、家庭化的情感氛围以及沟通系统等的美化。

给人才家的感觉

留住人才对任何一个企业来说，都是至关重要的。施图姆曾就此问题发表了自己的看法：“留住人才的目的应该是确认忠心耿耿的员工，在对公司及双方都有利的时期内尽可能留住他们。就员工忠诚度而言，是对老板、团队和一项事业的忠诚，这与过去忠于建筑物上的名字或某个品牌一样。”

留住优秀人才的根本就是留住人才的心。企业只有给人才一种归宿感、一种家的感觉，才能让人才心甘情愿地为企业付出自己的热情和智慧；才能真正将自己看成是企业的一部分；将自己的命运与企业的命运紧紧联系在一起。

说起爱华控股集团公司，相信很多人都不陌生。这家公司虽然只发展了十几年的时间，但是涉及的行业领域却非常广泛，公司实力也日益增强。爱华之所以能取得如此令人瞩目的成就，与其人性化的管理是分不开的。

爱华不仅关注优秀人才，给其提供更广阔的发展平台，甚至对一些从外地来爱华务工的普通劳动妇女都十分关心，也为她们提供了非常优厚的待遇。这种以人为本的理念，令每个来到爱华工作的人都不愿意离开。

吴雁来自云南。5年前，她的军人丈夫转业来了到椒江，吴雁也跟随丈夫一起到了椒江。在椒江，吴雁先后找了几家民营企业工作，但是都不尽如人意。后来，由于一次偶然的机会她进入爱华工作，短短几个月的时间，吴雁就喜欢上了这家单位。吴雁常常开心地告诉自己的亲友：

“爱华实施8小时工作制，上下班都非常准时，还享受双休，我以前在其他企业可从来没有过这样的待遇。而且，爱华还给我投了养老、医疗、工伤、失业四种保险呢！我可只是一个普通的员工，如果去其他的企业，可能只有一二种保险，甚至没有。”

爱华集团还为每位员工安排了每月1~2次培训，让每个员工强技能、谋生存、求发展。在爱华，每个员工可以享受探亲假，省外11天，省内7天，不仅带薪探亲，还报销来回路费。不仅如此，爱华集团还特意开展了妇女“五期”保护活动，即经期、孕期、产期、哺乳期、更年期五期特别照顾呵护。

薛雅来自瑞安。因为家离椒江有段距离，每个周末，薛雅都要坐没有空调的大巴车回家。公司经理知道这件事后，亲自帮她租房，令她非常感动。在爱华员工的眼里，爱华的领导没有架子，与员工没有距离感。这些都给员工一种家的感觉，成为爱华的凝聚力、向心力所在。

公司日益发展壮大，越来越多来自全国各地的员工融入到爱华。为了消除员工之间的隔阂，公司明文规定所有人都讲普通话，以利于大家平等交流，让从外地来的员工没有被歧视的感觉。而且，为了促进员工之间的相互交流和了解，爱华常常组织员工开展各项活动，比如，中秋茶话会、新春座谈会、年夜饭等都成了员工们温馨美好的回忆。

当爱华将每个员工都当成自己亲人的时候，员工们也将爱华当成了自己的家。在每个员工的心中，只有无私地奉献才能将这个“家”建设得更美。因此，他们当然不愿选择离开爱华了。

留人心经

如何让员工产生一种以企业为家的观念，是每个人力资源管理者都关心的问题，这个问题也令很多人力资源管理者十分苦恼。其实，让员工产生以企业为家的观念并不难，只要企业管理者真正将员工放在心上，将员工的私人问题放在心上，员工就一定能感知到企业的良苦用心。其实，管理者只要注意以下几点，就能够增强员工的归宿感。

——给予员工时间和自由

生活是由一些琐碎的小事组成的。员工除了工作之外，还有一些私人问题需要处理，如果企业完全限制员工的时间，那么员工必然会因为私人事情解决不了而工作分心。这样一来，工作、私人问题都困扰着员工，时间久了会让员工感觉身心俱疲，就很难有心情继续留在公司工作。

因此，企业要允许员工处理个人事务。比如，给员工时间去参加孩子的家长会；或者允许员工去看律师或者牙医；允许员工因处理个人事务晚一点来上班或者早一点下班。这些都不是十分要紧的事情，是可以有商量的余地的。

——给员工精神抚慰

员工可能每天都有不同的情绪与感情。比如，开心、兴奋、悲伤、愤怒等。在这些情绪当中，最能影响员工工作效率的就是一些负面情绪，如悲伤、愤怒等，尤其是悲伤。悲伤的情绪会让人萎靡不振，工作效率变得十分低下，甚至有可能出现思维混乱、失去理智等情况。在这一段时间里，员工可能会失去前进的动力及创造力。

因此，作为管理者应该有能力给员工精神上的抚慰，帮助员工渡过痛苦的难关。也许在开始时，员工不愿意接受眼前的事实，一头扎进工作中以逃避现实。这时候管理者不要以为员工已经恢复，而应该更为密切地关注员工情绪的变化，帮助他们树立信心面对生活。

——不“棒打鸳鸯”

很多企业都禁止员工之间恋爱，其实这样做是没有道理的。恋爱是员工的个人事务，同时，又具有一定的不稳定性。公司干预员工恋爱是一种侵犯员工个人权利的行为。甚至有的企业还要求结婚的员工当中必须有一个人要离职。这样做就算是有合同约定在先，也是违法的。企业不能用变相的方法干涉员工的婚姻、恋爱自由。其实，管理者们不妨换个角度想想，私人问题稳定了，有了家的温暖，员工就能将心思一心一意放在工作上了。对公司也不只是感恩了，而是一种油然而生的“鱼水之情”。“棒打鸳鸯”只能导致员工军心涣散、对企业失望，最后选择离开企业。

打造学习型团队

当今世界，唯一不变的就是变化。因此，学习成为每个员工职业生涯中的主题。知识经济在市场中的作用越来越明显。美国《财富》杂志指出："未来最成功的公司，将是那些基于学习型组织的公司。"这句话正说明了企业打造学习型团队的重要性。

其实，企业管理者打造员工学习型团队是益处多多的。这种氛围能够带动员工学习与思考，不仅能够提升员工的个人素质及职业技能，还能提高员工的积极性、能动性、创造性及企业归宿感。只有在这样的基础上，企业的产出效益和组织凝聚力才能增加；并且还能够为企业的长期发展战略培养后备力量，保证企业能够长期、持续获益。

1884年，理查德·西尔斯开始尝试邮购商品，并且于1886年创建了西尔斯邮购公司。主要目标客户是农民；主要的邮购业务为手表、珠宝以及钻石等小件商品。在市场的考验中，西尔斯公司不断调整自己的营销策略以适应市场形势的变化。1900年，西尔斯公司意识到货到付款是一个非常可行的方法，于是立即实施，并且为公司带来了大量的订单。当年，西尔斯的销售额达到1000万美元，稳摘美国零售业销售额排行榜桂冠。

1925年，西尔斯公司调整发展策略，开始进入百货商店的经营。在此后近100多年的发展史中，它一直占据着美国零售业第一的位置。直到近年因超级市场、仓储商店、便利店等发展势头迅猛，才在20世纪90年代被以折扣店起家的沃尔玛公司超过。但其仍然是美国甚至世界上最大的私人零售企业之一。西尔斯拥有30多万职工；连锁商店1600余家；还有800多家供应契约商；子公司遍布欧美各大城市。2002年，西尔斯位居《财富》世界500强第83位，是名副其实的零售业巨子。

西尔斯的管理者表示，西尔斯的成功，与企业打造学习型团队是分不开的。西尔斯前总裁阿瑟·马丁内兹在带领西尔斯变革时，就曾经鼓励员工主动学习、多思考；强调了打造学习型团队的重要性。只有全体员工共同学习、思考，才能够激活公司的变革力量。

马丁内兹认为，企业管理者应该带动员工学习、思考，任何人都不能放弃学习的机会。他召开高层会议说："教育对个人成长极为重要，若离开学校就将教育抛在脑后，是重大的错误。因此，我们一定要带动员工学习与思考。"

正是西尔斯的这种学习观念深入到每个员工的心中，引发了员工对学习的高度需求。公司不仅为员工们开办了很多课程，还鼓励他们共同研讨学习到的知识，并将这些知识运用到工作岗位上，让知识转变成公司的内部智能。

重视学习，打造学习型团队是这个世界百年零售巨人依然强壮的原因。也只有学习型的团队，才能真正留住渴望知识、前进不止的人才的心。

留人心经

引导员工学习应该有一个好方法，并不是盲目地让他们锻炼，否则会给企业造成不必要的损失。因此，企业管理者在打造学习型团队时，应该了解学习型组织形成的五个阶段。

——无意识学习阶段

企业刚开始发展时，为了适应工作的需要，员工只能被迫掌握一些与工作有关的知识和技能。因此，团队也就进入了无意识学习阶段。

——消费再学习

伴随着企业的发展，企业对员工的素质要求也越来越高。从企业发展的长远角度来考虑，企业应该把员工的学习纳入企业的发展规划之中。比如，邀请专家开办讲座；派员工外出培训；购置学习用品等。

——将学习引入到企业

为了达到将学习引入到企业这个目标，企业应该配合自身的发展战略开发出一些核心课程，或者专门培训职工某项特别的技能。这种学习不能从外部开始，企业只能自觉、主动地将学习专门引入企业。

——确定学习进程

企业日渐发展壮大，就会意识到有的学习必须要超前于学习本身。尤其是很多看起来和日常工作关系不怎么密切的学习，更要放在工作之前进行。这就要求企业管理者高瞻远瞩，合理制定出学习进程，使员工和工作保持合理的“时间延滞”，既不脱节，又对工作起到切实的推动作用。

——学习与工作融合

当组织形势发展到这个阶段时，员工也认识到学习和工作一样，都是提高自身素质、实现自我价值的内在要求。工作也是学习，学习是为了工作，工作和学习已经紧密联系在一起了。同时，企业不断推进学习和工作的融洽，企业内部也渐渐形成一种高度灵敏的机制，任何与学习和工作不适应的信息都会及时反馈出来。达到这种境界，才是打造学习型团队的理想境界。

群策群力，提高员工的主人翁意识

群策群力，提高员工的主人翁意识，就是让员工充分发挥自己的能力，积极参与企业的事务管理。现代社会是一个群居社会，大多数人的工作环境都是一个“大家庭”。无论是办公室、医院、球队、摄影棚，还是表面上看似“跑单帮”的业务人员，也都可能置身于团队之内。一个企业或公司要想留住优秀人才，必须让每个成员都清楚团队所肩负的责任，树立起“我为人人，人人为我”的思想。

美国通用汽车公司非常注重鼓励员工全方位参与企业管理，并且取得了显著成效。通用电气家电部有一个专门生产洗衣机的工厂。自1956年建厂以来，经营状况一直非常糟糕，生产出来的老式产品卖不出去。1992年损失了4700万美元，1993年上半年又损失了400万美元。1993年秋，公司决定卖掉这家工厂。这时，一个名叫博克的公司副总裁站了出来说：“请给我一个机会，我一定要想办法使公司转危为安。”博克先生首先召集了20个人，采用群策群力的方法，用20天时间向总部提交了一份改革报告。韦尔奇总裁支持这个建议，立即同意对企业进行技术改造。没用多长时间，工厂的经营状况大为改观。

之后，韦尔奇研究出了很多让员工参与决策的好方法。具体措施就是举行各阶层职员参加的讨论会。在会上，与会者需要做三件事：一是动脑筋想办法；二是取消各自岗位上多余的环节或程序；三是共同解决出现的问题。先期的群策群力讨论会主要是建立信任，最基本的模式是大家七嘴八舌发表意见。后来逐渐上升为一种理念，成为了通用电气走向成功的基石。

如今，“群策群力”讨论会已成为通用电气公司一种日常性的活动，随时都可以根据需要举行。参与人员也从员工扩大到顾客、用户和供应商。这种方法不仅带来了明显的经济效益，而且能让员工广泛参与管理，感受运用权力的滋味，从而留住了大批优秀人才。

留人心经

强化员工的主人翁意识，让员工积极参与管理。这样既可为企业带来效益，又可让员工体验实现自我价值的荣誉感；同时也是留住优秀人才的一大法宝。在实际工作过程中，企业管理者如何才能做到这一点呢？

——培养“每个人都是主管”的感觉

一说起部门的管理者，人们总是要将它冠以“主管”的头衔，好像只有他们才是部门命运的掌控者。这种思维定式大大限制了员工的主人翁意识，认为部门里的事与我没有太大关系，那是“主管”们的事。假如让每个员工都觉得“我就是主管”，情况会大不一样。他们会认为“公司是自己的”、“工作是自己的”，自己没理由不全身心地为公司的经营绩效而努力，没理由不自觉地为公司承担义务。

——传递公司对员工的感激之情

一位在IBM工作了近20多年的老员工有这样一张精致的名片：一个蓝色镶金边的盾牌，印着烫金的文字。那个盾牌是老员工20多年工龄荣誉徽章的复制图样，上面写着“国际商用电器公司，25年的忠实服务”。IBM用这种不太引人注意的方式，传递了对员工25年辛勤工作的感激之情，同时也让员工拥有一种为企业服务的自豪感。

——与员工共贺成功

管理者每完成一项计划或工作时，一定要召开总结会。交流成功经验；提出应该注意的问题；并与下属共贺成功，相互激励。这种形式不仅别开生面，还可以相互交流，进一步强化同甘共苦的一体感，鼓励下属把以后的任务完成得更加出色。如果员工将成功的喜悦转化成日后的工作动力，优秀的人才则会长期留下来，为公司作出更大的贡献。

经卷 7

Jingjuan

为人才提供展现优势的舞台

充分发挥员工的个性与特长

古语说："金无足赤，人无完人。"说明这个世界上没有百分百完美的人。对管理者而言，要诀之一就是如何发挥员工的长处，而不是寻找十全十美的"完人"。如果没有用人之长的观念，势必会造成人才流失。

有很多企业管理者都在感叹自己没有好的人才，其实是他们没有发现身边的人才，没有为人才提供充分发挥自己个性与特长的空间。只有发现人才、合理使用人才，才能发挥人才的最大优势。就好比让张飞出谋划策，必定是百战百败；让诸葛亮去冲锋陷阵，也会羊入虎口，有去无回。这样的配置，不仅不能发挥两个人的最大才能，而且在别人看来，这两个人也成了庸才了。

因此，管理者要做到知人善任，让员工充分发挥自己的个性与特长，才能够让企业获得最大效益；员工也会为了报答"知遇之恩"而更加勤奋工作。

美国EDS电子资讯系统公司半个世纪前创立了信息技术外包服务产业，经过半个多世纪的发展，成为全球信息服务业领导者之一。2008年8月，惠普宣布完成对EDS公司的收购，成为技术服务领域的新生力量。目前，EDS作为HP的业务团队之一，为全球的客户提供全方位的信息技术与业务流程外包服务，其客户遍布于制造、金融服务等多个行业领域。

EDS的首席执行官理查德·H·布朗，两年来用"人尽其才"的做法，带领企业摆脱了困境。布朗曾经说："发现优秀人才已非易事，而帮助他们的才干得以发挥与发展则是更加艰巨的挑战。"布朗加盟EDS后，采取了大胆的改组措施，将所有员工进行从一级（优秀）至五级（不满意）的评级考核。那些获得五级评价并且表现不佳的员工就会被清扫出去。

布朗刚到公司的几个月里，就裁员13500名，这其中有20%的人是销售员。不仅如此，很多公司元老级的高层管理人员也被解雇。然后他又从公司内部提升、从外部招募了一批新的精兵强将。那时候，公司有48个业务部门，并且各自为政。布朗认为这种形势很危险，于是他尽力找来一些乐于创新并且奋力竞争的员工。

在布朗的努力下，他将公司48个部门重组并精简为4块业务。在这个过程中，布朗发现了许多曾经被埋没的“天才”。这些被他发现的人才或被提拔，或被重用。总之，在布朗的带领下，这些员工都为公司作出了很大的贡献。1999年8月，布朗将曾经在桂格公司任职的邓·尤兹招募到自己旗下，因为他曾说过：“尤兹是一个了不起的品牌经营者。”

后来，尤兹果然不负布朗的期望，将EDS打造成为一个家喻户晓的品牌。加盟EDS之后，尤兹便着手策划了公司整体形象的推广活动，例如，在全美“超级碗”决赛转播中的商业广告。就在广告播出的第二天，EDS的网站访问人数急剧增加。

在布朗的带领下，EDS新老人才齐聚，因为能够得到足够的发挥自我才能的空间，很多人都愿留在EDS，实现自我价值。

布朗慧眼识才，做到了人尽其用。因此，将EDS从错误的路途中拉了回来，也使企业一步步走向成功之路。

留人心经

既然很多企业管理者都已经知道了让员工充分发挥自己个性与特长的好处，那么，就应该看看究竟怎样才能做到这一点。

——让员工觉得工作有意义

一旦每个员工都觉得自己的工作是有意义的，就能够满足他们内心的成就感。他们也会因此而继续努力，继续发挥自己的才能。假如员工对自己工作的意义并不明确，管理者就应该向其强调工作的意义所在。

——让员工安排自己的工作

很多有经验或者是能力突出的员工，都有能力安排自己的工作，在心中也有详细的工作计划。因此，管理者只需要确定完成目标的最后期限就行，这也是让员工发挥自己个性和特长的好方法。

——为员工制订一个明确的目标

管理者可以给员工制订一个明确的目标，然后再给员工自由发挥的空间。如此一来，员工就会积极努力工作，并达到更高的标准。作为管理者，要做的就是为他们提供相关的资源。

——真诚地尊重员工及他们的工作

企业管理者在设计企业规章制度时，应该时刻注意体现自己对员工的知识、技术、能力、责任、努力等方面的尊重。只有这样才能防止员工因产生不良情绪而阻碍他们才能的正常发挥。

鼓励团队合作

如今，很多企业管理者将“团队精神”作为口头禅，但事实并不乐观。这其中有一大部分人以为，团队精神就是大家上班穿着一样的制服，说话时言辞统一。这种观点是错误的，团队精神不是一种表面形式，而是一种精神实质。

团队精神是大局意识、协作精神和服务精神的集中体现。每个团队成员的兴趣和成就是团队精神的基础，协同合作是团队精神的核心。当团队精神发挥到最高境界时，全体成员的向心力都会大大增强，个人的利益与整体的利益相统一，保证了组织高效运转。很多错误的观点认为，形成团队精神就是要求成员牺牲自我。其实真正的团队精神恰好相反，成员们挥洒个性、表现特长，保证了成员共同完成目标任务。

管理者鼓励员工发挥团队精神，是因为当一个企业内部形成了团队精神时，每个团队成员的士气都会高涨。这不仅有利于激发成员工作的主动性，还能让团队成员自愿地将自己的聪明才智贡献给团队，个人的发展也更为全面。

美国西南航空公司成立时只有三架飞机，然而经过几十年的发展已经成为美国第五大航空公司了。目前，该公司已经拥有近3万名员工，总资产达40亿美元。不仅在竞争中打败了联合航空与大陆航空两大劲敌，还向Delta和USAir发起了挑战。

西南航空公司之所以能够取得这样辉煌的成就，在激烈的市场竞争中脱颖而出，与其公司成员强烈的团队精神是分不开的。西南航空公司连续26年将其成本维持在世界最低水准。在追求低成本的同时，西南航空追求更高品质的服务。无论是从航班的准点率还是旅客的抱怨申诉，或者是托运行李遗失率的评比来看，西南航空公司的服务品质都是同行业中最好的。

这是因为西南航空公司的团队精神起着重大作用。一般来说，西南航空的航班从抵达机场、开放登机门上下旅客，至关上登机门再度起飞的时间，平均为15分钟。在如此短的时间内，要更换全部的机组人员；卸下近百袋邮件，再装上数量相当的邮件；同时还要为飞机加满4500磅油料。

很多人对这个速度的概念并不理解。但是，同样的过程，大陆航空和联合航空平均需要35分钟才能完成。西南航空达到这一目标与所有员工的团结协作是分不开的。不论是飞机上的空服员还是飞行员，都会跟着大家一起清理飞机，并且在登机门附近协助旅客上下飞机。

联合航空、美国航空以及Delta等航空公司的飞行员，每月平均飞行70个小时，年薪差不多能够拿到20万美元。而西南航空公司的飞行员每月也飞行70小时，却只拿10万美元年薪。但即便是在工作量大、薪水比同行业精英低的情况下，西南航空的飞行员还是能维持良好的服务，并且公司还吸引着世界各地的精英。

一位曾经在EDS工作过的西南航空主管说："当初我准备跳槽，EDS曾经竭力挽留我，并且还开出了比我当时薪水高2.5倍的薪金。但我还是选择了西南航空，因为在西南航空工作，我觉得很快乐。"

正是拥有了一支优秀的团队，西南航空才得以发展壮大。团队精神能够将企业的潜能发挥到极致，它对企业的作用是任何东西都替代不了的。

留人心经

西南航空公司总裁赫伯·凯勒赫曾经说过："无形资产是竞争对手最难剽窃的东西，因此我最关心的就是员工的团队精神、企业的文化与价值。因为一旦丧失了这些无形资产，也就断送了可贵的竞争优势。"那么，管理者如何鼓励员工发挥团队合作精神呢？

——选择共同目标

为自己的目标而努力工作的人，往往比为别人的工作目标而努力的人干得更持久、更努力。因此，管理者应该选择一个共同目标，这个目标必须适合每个员工的梦想。管理者还应该采取有效的监督管理措施，帮助每个员工实现这一共同目标。

——完善管理制度

如果说选择一个共同目标是激发员工团队精神的核心，那么建立起一个完善的管理制度就是实现这个共同目标的重要保证。建设一个完善的制度包括：团队纪律；上级对下级授权；团队的激励与约束；建立公平的考核制度；健全升迁制度。

——加强沟通与合作

大家长时间在一个环境下、同一个团队中工作，难免会发生摩擦及矛盾冲突。因此，管理者必须加强团队成员之间的高效沟通，促进成员之间相互了解、相互帮助及交流合作。只有这样，才能使整个团队成员发挥自己的最大潜力，从而实现团队的整体目标。同时，有效的沟通还能促进团队成员之间实现智力资源共享，促进员工的知识创新。

让员工干自己想干的事

据说，一家全球500强企业的总裁曾经说过一句话："管得少，就是管得好。"有一天，他闲来无事走到办公室，公司的职员看见他好奇地问："这里没什么事，您怎么来啦?"总裁笑了笑说："是啊，没什么事，那我先走了。"说完后，转身离开了办公室。这个人就是著名的管理大师杰克·韦尔奇。

很多管理者对员工在做的事情过于关心，认为只有自己时刻掌握事情的发展状况才能保证万无一失，或者不闻不问是对管理的弱化。其实这种想法是错误的。给员工一个自由发展的空间，让员工干一些自己想干的事情，是留住员工并且利用其智慧的一个有效途径。作为管理者，就必须要重视这一点，将管理的松紧拿捏有度。

1802年，杜邦公司成立了。这是一家以科技为基础的企业。经过100多年的发展，杜邦公司已经跻身世界财富500强企业，拥有员工79000多名。在对待员工方面，杜邦公司一直以尊重员工、公平对待所有员工为准则；同时，还鼓励为员工提供自由发展的空间及让员工干自己想干的事情。

杜邦有一项独特的"内企业家"制度。所谓"内企业家"，就是指在别人创办的企业中，做好自己的本职工作。在这个基础上，员工可以从事自己感兴趣的创新活动，这可以叫"企业内的企业家"。

杜邦公司的每个员工，都可以利用5%～15%的工作时间去研发自己感兴趣的项目，这一点是被公司认可和批准的。不仅如此，如果员工作出了贡献，还能获得企业的奖励。因为这种宽松的制度，越来越多的杜邦员工能够自由支配自己的时间，并且把自己的设想变成现实，为公司开发出了很多新产品。

这种制度在杜邦的腾飞中起了很大作用。20世纪60年代初，杜邦公司试验站的两位技术员，利用职务之便买下公司的气体色层谱仪的技术使用权，成立了一个小公司，专门出售气体色层谱仪。1963年，惠普公司花了近100多万美元买下了这个小公司，这两名技术员也因此成为百万富翁。杜邦公司管理者知道这件事后非常恼火。在几经商量、思考后，杜邦公司成立了几支风险队伍，并且将公司内部研制出的仪器商品化，鼓励公司内部成立仪器企业，杜邦公司在其中占有股权。此举为公司带来了很大的收益。

曾经，杜邦公司花了5年的时间开发一种临床分析仪的新检验设备，但最终以失败而告终。后来，在很多管理者的提议下，公司将这种新设备交给一个内企业去研发。不到一年时间，这种新设备就被研发出来并且走向了市场。

能够按照自己的想法做自己想做的事情，是许多优秀人才的梦想。杜邦公司满足了他们的这一需求，不仅为公司创造了更多财富，还留住了大批优秀人才。

杜邦公司实施的“内企业家”制度，不仅留住了创新人才，还开发出了新产品，赢得了市场。而人才则利用公司的这些有利条件，尽情施展自己的才华，获得了自身的长远发展，达到了企业与个人的双赢。

留人心经

心理学家曾指出：每个人身上都有一种创新的天赋，但往往被现实生活所压抑、消灭。因此，如何释放员工的才能，就成为管理者的一项重要职责。那么，管理者究竟该怎么做呢？

——帮助员工树立信心

很多人都不觉得自己有创意，因为在大多数人的观念里，创意是少数人才拥有的天赋。比如，作家、艺术家、画家或者其他的“天才”等。而且，在成长的过程中，经历过各种否决等原因，致使很多人害怕具有创意。因为当自己的意见被批评被否决时，往往会显得自己十分愚蠢。因此，管理者一定要帮助员工克服这种恐惧感，鼓励他们发表自己的见解，帮助员工树立起信心。

——不要时刻紧盯员工的工作

如果员工在开展一项工作时，时刻感到有一双眼睛在盯着自己，会让员工觉得很不自在，行动受到约束。这样一来，员工的工作热情必然减少。因此，管理者应该在员工工作需要帮助时再给予关注，平时只要知道员工工作的大概情况就行了。

——鼓励员工做自己想做的事

每个人的心底都有一个梦想，很多人由于各种因素并不曾将这些说出口。因此，管理者应该多与员工交流，了解员工的性格及其心底的梦想等。假如这个梦想很好，管理者可以鼓励员工一步一步实施，最终达到自己的目标。

鼓励员工积极创新

在市场竞争激烈的现代社会，已经没有人会否认创新的重要性，也没有任何一个企业不愿意进行创新。因为激烈的市场竞争使企业只有两条出路：要么创新，要么被市场淘汰。创新已经成为企业的一种重要资源，它意味着企业可以抢先进入新领域、创造新价值，并且占领市场最高点。

但是，意识到这个问题并不等于能够解决这个问题。在生活中，很多企业管理者在谈到企业发展的时候，都把创新作为重要问题、重要手段进行强调。但是在实施的过程中，鼓励员工创新往往易走入误区。还有一部分管理者乐观地对形势进行估计，但没有考虑风险问题，大部分的创新都是伴随着风险而产生的。

因此，管理者只有树立正确的创新观念，才能鼓励员工进行创新；只有创新能力高的企业，它的竞争力才能变强。

1933 年，丰田汽车公司成立于日本。经过近百年的发展，它已经成为世界十大汽车工业公司之一，同时也是日本最大的汽车公司。丰田的三个椭圆标志是从 1990 年年初才开始使用的。标志的大圆代表的是地球，中间由两个椭圆垂直组合成字母 T，代表丰田公司。它象征着丰田公司立足未来，对未来充满了信心和雄心。

丰田公司之所以取得如此辉煌的成就，与其独特的创新管理是分不开的。为了保持企业生产、经营的旺盛生命力，公司开展了一系列鼓励员工创新的活动，取得了显著的效果。

第二次世界大战结束后的丰田公司，为了缩小与国外汽车先进水平的差距，成立了“动脑筋创新委员会”。随后，公司对建议的范围、审查方法、奖励办法等都作出了具体的规定。“动脑筋创新”建议制度实施后不久，1953年2月，根据斋藤尚一的建议，开始在全公司征集最能体现这一制度内在实质的口号，结果“好产品好主意”一举入选。在不断地发展过程中，“好产品好主意”逐渐成为“动脑筋创新”建议制度的代名词了。因此，被誉为“丰田生产方式之父”的丰田英二曾经这样说道：“在欧美等国家，无论如何，也不能指望员工能发挥这样精力旺盛的干劲。这主要是因为他们采取与往常终身雇佣制度不同的短时雇佣制度的关系。总之，如果不能有一种‘干劲’，这种企业是不能持久的。”

“好产品好主意”活动，是上述一系列活动中成效最显著的一个。这也是丰田历代管理者追求物美价廉经营思想的结晶。这种建议制度不仅作为一种管理手段取得了客观的经济效益；更重要的是，它作为一种企业经营哲学，使得每个员工对企业的责任心、敬业精神以至于个人的能力、才华都得到了尽情的展示和发展。

由于员工的建议，面对纷繁复杂的市场变化形势引发的各种问题，丰田公司都能够尽可能完美地解决，使公司的发展日趋壮大。因为提建议活动是以小组为单位的，它不仅使个人和小组都得到了锻炼的机会，而且作为一条纽带密切了彼此间的关系。提建议所得的奖金在很多车间被作为亲睦会、进修费和研究会的基金，为彼此接触、活动创造了条件。

在开展这项活动的同时，员工的努力得到了管理者的承认，员工们的个人成就感和个人价值得到了充分的满足。在开展活动的过程中，管理者还了解到生产第一线员工的建议要求，并通过他们看到了员工对企业的感情和希望。同样，员工从管理者对建议的态度、反应等，认识到管理者的作用、能力以及他们对员工的关心、重视方式和程度。

在鼓励员工创新的过程中，不仅公司获得了巨大的收益，员工的自我价值也得以实现。

创新不仅令企业进步，还令员工的个人价值得以实现。因此，大多数丰田员工都不愿意离开企业，因为丰田公司为他们提供了展示自我才能的舞台；他们得到了应有的尊重。

留人心经

如今，现实的转变要求每个企业管理者都必须从旧的价值观转向新的价值观。但在现实生活中，鼓励创新并不是轻而易举的事情。因此，每个管理者都应该掌握以下几个鼓励员工创新的方法：

——强制关联法

强制关联法也叫做“目录法”。这种方法的主要目的是考虑解决某个问题时，一边翻阅资料性的目录，一边强迫性地将出现在自己眼前的信息和正在思考的问题主动联系起来，从中得到构想。管理者可以将此方法传授给员工，培养其用强制关联法思考问题的能力。

——脑激荡法

这是一种人们最为熟悉的思考方法，该方法是由Osborn在1937年提出来的。这种方法的特点是强调集体思考、互相激发思考。鼓励所有的参与者在指定的时间内，产生出大量的意念，并从中引发新颖的构思。这种方法最适合于原题方式进行，其基本原理是：只专心提出构想而不评价；不局限于思考的空间，想出越多主意越好。

——三三两两讨论法

将员工以小组为单位划分，每个小组大约2～30人。在3分钟时间内，员工们可以就讨论的主题，互相交流意见并且分享；3分钟后，再回到团体作报告。这种方法也很常见，管理者在鼓励员工创新时，可以采用此方法。

允许人才犯错误

古语说："人非圣贤，孰能无过。"也说："金无足赤，人无完人。"每个人都有可能犯错，即便是再优秀的人才，也有可能在工作中犯各种各样的错误。管理者对此一定要有一个客观的认识。

人们常常会说：一个失败者会面临两条出路，一条是成为更辉煌的成功者；而另一条是成为出色的批评家。因为事实告诉我们，失败者也是教训的拥有者，假如管理者给他一个成功的机会，他就会将教训转化成为成功的财富。假如一个优秀的人才因为犯了一次错误而被管理者批评甚至是抛弃时，会在他的内心形成一种巨大的精神负担，久而久之对工作失去信心，导致其离开原来的岗位和企业，寻找新的出路。

美国的奥蒂斯电梯公司，是一家在允许人才犯错误方面做得非常出色的公司。其总裁苏米特拉·杜塔曾经对自己的员工说："放手去做你认为对的事情，即使你犯了错误，也可以从中获得经验和教训，也就不会再犯同样的错误了。"有了总裁的这句话，奥蒂斯的员工们就不再担心会受到严厉的处罚，从而放心大胆地去探索、发挥自己的创意了。

苏米特拉·杜塔要求公司的每个主管必须鼓励和培养员工去创造，将"做得多，错得多；不做不错"的观念抛到脑后。他说："如果我们只知道执行上司认为对的事情，这个世界永远得不到进步。"因此，在奥蒂斯电梯公司，责罚犯了错误的员工是不被允许的。公司要求管理者找出员工犯错的原因，而不是惩罚犯了错误的人。

一次，有位管理者对苏米特拉·杜塔抱怨："公司里常常出差错，但是我又找不到对此负责任的员工，真不知道工作该怎么做才好。”苏米特拉·杜塔安慰他说：“找不到这个人是好事，如果你真找到这个员工了，反而会影响到其他的员工。任何人都可能会犯错误，我自己也曾犯过错误。大家都知道我们公司的产品是一种领先于时代的产品，最适合于高层建筑。为了抢占市场，我在亚洲金融危机的前几个月将产品推入到市场，几周之后，这个世界上最大、最有生机的新摩天大楼就崩溃了。这是我决策的失误。”

见总裁这样批评自己，管理者有点不好意思，他张了张嘴但又什么都没说。苏米特拉·杜塔看到他欲言又止的样子，继续说：“谁也免不了犯错误，尤其是在市场更新、变革时期。虽然员工会犯一些小错误，但从长远角度看，这些错误动摇不了公司的发展。错误也许不可以原谅，但人是可以原谅的。假如一个员工因为犯了错误而被剥夺升迁的机会，对公司来说没什么，但是会影响到员工一生的发展。如果我们这么做了，又有谁会为公司效劳呢？假如你将错误的原因找出来，并且公之于众，大家都会将错误的教训记在心里，而不会追究到底是谁犯的错误。”

苏米特拉·杜塔的宽容造就了奥蒂斯电梯公司宽松容人的环境，吸引和留住了大批优秀人才为公司效劳。他们没有任何思想负担地发挥自己的创新精神，为企业创造了更多效益。

留人心经

世界就是如此，很多东西都是事先预料不到的。就像3M公司的名言：“为了发现王子，你必须与无数个青蛙接吻。”吻到青蛙并不是什么坏事，只有允许犯错误，才能取得更大的成功。那么，管理者们应该如何面对员工犯的错误呢？

——给员工东山再起的机会

假如员工犯的错误比较严重，作为管理者也大可不必拍桌咆哮，也不必采取过激的行为。管理者应该为员工提供一个“东山再起”的机会，激励员工总结经验，使其吸取教训。这样一来，员工会更加努力地工作，并且对企业的宽容态度也心存感激，对企业的忠诚度也大大提高了。

——给员工提供进修机会

有时候，员工犯的错误也许并不是由于员工不小心等主观因素造成的。员工的工作能力或技能短缺常常会令员工犯错误。因此，企业管理者应该在工作中为员工提供学习时间、费用以及其他条件，令员工的知识不断更新，增强员工的工作能力，避免犯错。

——反省从管理者做起

很多管理者在员工犯错误的时候，都会将错误的原因归结在员工的身上，却从来没有想过让员工犯错误的主要因素有哪些。有时候，员工犯错误是因为公司的管理体制等出了问题或者是纰漏。不论从哪一方面来说，管理者都应该带头自我反省，找到自己在错误中应承担的责任。

经卷 8

Jingjuan

留人先留心

平等对待所有员工

在现实中，很多员工都对上司抱有怨言，觉得自己不被上司尊重、时刻受到上司监督、自己的目标无法实现、工作环境很压抑等。除此之外，还觉得上司偏向于某个同事，对很有能力的自己却视而不见，内心充满委屈。在这种状况下，任何人都不会全心投入到工作中去的，并且其忠诚度也在不断地降低。

而作为管理者也有自己的苦衷，甚至有管理者无奈地嘲讽自己："管理与爱情差不多，人人都知道它存在，也看到它发生，却没有谁能真正说清楚。"面对员工们种种质疑的心态，管理者十分矛盾。因为工作压力大，面临的问题多，管理者往往没有时间真正了解每个员工，也无法了解他们内心的真实想法。其实，管理者只要真正做到平等对待所有员工这一点，问题就会迎刃而解。

平等对待所有员工，并不是没有原则的平等。否则，就是不平等。正确看待员工的成就与价值，给予每个员工均等的实现自己才能和抱负的机会，才是平等对待员工的真正内涵。

1924 年，国际商业机器公司（IBM）创立于美国。如今，IBM 已经发展成为世界上最大的信息工业跨国公司。其业务遍及全球 160 多个国家和地区，拥有雇员 30 多万人。直到现在，IBM 依然是大家眼中的"蓝色巨人"。

虽然 IBM 很强大，但是它一直坚持着平等对待所有员工的理念却从未改变。IBM 的创始人老沃森出身贫寒，在他成长和奋斗的岁月里，他深深感到了不平等给人的心灵带来的痛苦，以及事业上造成的阻碍。在IBM成立并逐渐壮大后，他就决定在IBM里创造人人平等的文化，让每一位IBM员工都有平等感及实现自己抱负和才能的均等机会。

IBM刚刚成立之时，公司没有自己的餐厅。不论是高级管理者还是清洁工人都在一个食堂就餐。很多管理者建议应该分开吃饭，而老沃森却坚持自己的看法：这样能够消除工人的不平等感，同时还能加强管理人员与基层员工的联系。除此之外，老沃森还为公司员工创办了员工俱乐部、高尔夫球场等，管理者在这些场合都没有特权。在IBM总部，所有办公桌上都不允许摆有职务标记，也没有供管理者单独使用的卫生间、停车场和餐厅等。从某种程度上来说，这也反映了IBM追求民主平等的倾向。

不仅如此，IBM为每个职工提供了均等表现自己才能的机会。不管是谁，都必须从基层做起，只要做出了成绩，经过实践证明该员工能够担任经理，该员工就会得到重用。老沃森的儿子大学毕业后进入IBM，和大家一样，只是一名普普通通的销售代表，负责曼哈顿的销售业务。

同时，IBM公司严禁种族歧视。这一点在美国的大企业中十分罕见。有一次，两个年轻人到IBM求职，被拒绝。年轻人给老沃森写了封信，告诉老沃森IBM是因为他们的犹太人身份才拒绝他们的。老沃森看了信以后非常生气，召集了所有的工作人员，向他们宣读了两个犹太年轻人的信，并且严厉批评了招聘人员的所作所为。从那以后，IBM再也没有发生过种族歧视的事情了。

无论是老沃森还是他的继承人，都很注重公司人人平等的企业文化。无论是过去还是现在，IBM都秉承这样的理念，至今也没有改变，为IBM吸引、留住了大量人才。

留人心经

俗话说：“不患寡而患不均。”对待员工，平等才是关键。每位员工都希望自己的工作能够得到平等对待。因为这些关系到他们的积极性、自主性和自尊心。假如做不到这一点，企业内部的团结也就无从谈起了。那么，管理者究竟该怎样做到平等对待员工呢？

——摈弃对员工的成见

一般来说，一个爱抱成见的管理者与员工的关系一定会不太好。一旦处理问题的结果不太好，即使不是因为抱有成见的原因，但是被抱成见的员工，还是会以为你有害人之心，在故意与他过不去。假如这种想法被大多数员工所认同，必然会觉得在这样的上司手下工作没有安全感，于是纷纷离去。因此，管理者应该摈弃对员工的成见。

——打造包容性文化

包容性文化指的是文化多元化，是在民族、性别、宗教与信仰、国家与地区、残疾等因素的基础上，进一步强调“个人”。这种文化是以员工为出发点的，强调尊重个人。管理者应该在企业中打造一种“包容性文化”的氛围，目的就是为了让每位员工的观点被公司听到、尊重、支持甚至实施。只有在这种文化氛围下，员工才会觉得自己受到了公平的对待。

——为每个员工提供平等晋升机会

每个在企业里工作的员工都希望获得晋升。如果管理者能够给每个员工提供均等的晋升机会，那么每个员工都会觉得自己在企业内的地位、晋升机会是平等的。如此一来，员工的积极性就会被激发，也更愿意留下来为企业效劳了。

简化管理层次

俗话说："当局者迷，旁观者清。"很多置身于繁忙工作中的企业管理者，很难从复杂的事物中脱身。由于惯性思维，往往将简单的问题复杂化。有这样一个故事：某报纸曾举办了一项奖金数额十分高的有奖答题活动。题目是这样的：三位关系着地球命运的科学家在一个充气不足的热气球上漂游。第一位是环保专家，他能够让地球免于环境污染的厄运；第二位是核子专家，他能够让地球免受灭亡的绝境；第三位是粮食专家，他能够在不毛之地上种植粮食，使人类远离饥饿的威胁。热气球的气越来越少，眼看就要坠落了，只有丢下一个人减轻重量，才能够让另外两个人存活下来。那么，请问丢下谁更合适？报社收到了来自世界各地的回答，大家纷纷阐述扔下哪位科学家最合适的宏观见解。但结果，是一个小男孩得到了这笔巨额奖金。他的答案很简单，只有一句话：扔下最胖的那位科学家。

其实，事物的本源是很简单的，但是人们都将问题复杂化了。管理之道也是如此，其本质就在于如何化繁为简。将复杂的问题简单化，将管理的层次简单化，是一种企业管理的成熟之美，也是企业管理者所追求的境界。

IBM是全球知名企业，拥有员工40万人，每年的营业额超过了500万美元，在世界各地都有其分公司。大多数人都认为，为了管理好这样一家公司，它的管理准则一定是多如牛毛的。但令人意外的是，它的管理准则只有短短的3条，让人很难理解。

IBM公司的行为准则包括三个：①必须尊重个人；②必须尽可能给予顾客最好的服务；③必须追求优异的工作表现。这3条准则是IBM的创始人老沃森制定的，成为一百来年IBM的行事指南。

1914年，老托马斯·沃森创办了IBM公司。当时他的想法非常简单，只要公司赢利就行。同时为了证明自己的价值以及这些基本并且简单的想法，写出了这3条准则，这3条准则也是IBM公司的基石。他的目的相当简单明了——只是要让他的员工们明白，公司到底要什么。这些简单的原则，一直被IBM的每个员工记在心里。在IBM，任何行动及政策都受到这3条原则的制约和影响。对IBM的成功来说，这3条简单的哲学比任何技术革新、市场销售技巧的贡献都要大。

原则虽然简单，但是执行起来却并不容易。这样一个庞大复杂的企业，按道理来说贯穿起来是很费劲的，但是IBM却也把它简化得不能再简化了，只有两个字——去做。

IBM公司在会议、备忘录、公司内刊、集会中所规定的事项，都包含了简单哲学在其中。更重要的是，IBM公司的主管人员会在他们的言行中身体力行，避免让这些原则成为空话套话。这样IBM公司的员工们就明白了，只有按照简单原则来行事，才能符合IBM的要求，才能在公司得到发展。

IBM将复杂的管理简单化，不仅减轻了企业管理者的管理负担，同时也给了员工们更多发挥自己才能的空间。

留人心经

简化管理的高效，使越来越多的企业管理者开始崇尚简化管理了。著名的管理大师杰克·韦尔奇曾说："人们总是将生意看得太过复杂，事实上，这并不是像研究火箭那样难的科学，而是世界上最简单的工作。"那么，管理者们该如何做到简化管理呢？

——凡事从简单做起

从简单的事做起，也就是要求从细微处做起，所谓"万丈高楼平地起"，再巨大的工程都需要先易后难、脚踏实地，否则肯定是"空中楼阁"。从简单的事做起，有它的好处。首先可以避免巨大的投入，降低风险；其次较容易取得成功，鼓励员工士气；再次可以为后续的复杂工作打下基础。管理者在管理企业时，应将重心放在最基础的管理上。虽然文档管理、数据处理很简单，但如果坚持把文档管理、数据处理做好，就是不简单；没有文档管理、数据处理，知识管理就是无源之水、无土之木。实际上，微软公司房地产和设施部、通用汽车北美公司的知识管理正是从文档管理入手而取得成功的。

——用简单的方法做简单的事

用简单的方法做简单的事就是化繁为简。很多管理者一听说管理，就想到管理地图、专家系统等高深的技术方法，却忽视文档管理、数据处理等简单的技术方法，这是由于受自身思维方式的限制。其实，只要抓住事情的本质，用很简单的方法就可以逐一解决这些问题了。小的问题解决了，大的问题自然就迎刃而解。

——做事遵循客观规律

按照客观规律做事，就是要求做到洞悉复杂事物的本质，按照复杂事物的运动规律行事，抓住重点，把握关键。只有抓住复杂事物的本质，按照客观规律行事，才能真正化繁为简。白沙集团总裁卢平说：“简单管理最终是作为一种思维方式，使员工学会按客观规律办事，凡事找规律。”简单并不代表肤浅、粗糙。它是在形式上追求简单、明了，在内涵上要求深刻、丰富。要求对事物的规律有深刻的认识和把握，是从简单到复杂再到简单的过程。真正的简单，其实是一种境界，只有达到这种境界才能深入浅出。

处处为员工着想

在我们的生活中，常常听到很多管理者感慨时运不济，找不到合适的人才，或者好不容易找到几个合适的人，在企业干不到一年就走了，等等；要不就埋怨手下的人工作积极性不高、懒惰、毫无创新……其实，这些管理者们没有换个角度想想，造成这种局面的责任不仅仅在员工的身上。

毫不夸张地说，管理者对员工投入的感情，在很大程度上是与员工能力成正比的。管理者投入的感情越多，员工的能力发挥得越大。管理者只有站在员工的角度，时时刻刻替员工着想，并适时帮助员工解决困难，员工才能站在公司的角度，重视自己的工作，将公司的发展与个人的命运联系在一起。

“老干妈”陶华碧出生于贵州一个偏僻的山村，因为家庭贫困，她没有念过书。在20岁的时候，她嫁给了一位地质队员。但幸福的日子没过多久，她的丈夫就病逝了，扔下了她和两个孩子。

为了生存，陶华碧摆起了卖凉粉的小摊。后来，她琢磨出人们对她做的麻辣酱的爱好远远大于凉粉。于是在1996年，陶华碧的“老干妈麻辣酱”厂成立了，一共有40名工人。经过近20年的发展，陶华碧的公司已经发展成为一家年产值近5000万美元的大型私营企业。它拥有员工1000多名；在全国65个城市建立起了销售网络；日产麻辣酱43万瓶；产品远销全球30多个国家和地区。

一天学没有上过，仅仅只会写自己名字的农村妇女，白手起家建立起如此大规模的企业，在很多人听来都是天方夜谭。这一切，与“老干妈”的管理息息相关。陶华碧的管理原则就是处处替员工着想，真正关心员工。

管理一个企业，总该有一个规章制度。陶华碧知道，自己和儿子李贵山都没有什么文化，也制定不出什么高级的管理条例。如果硬要学习别人，说不定会适得其反。于是，她在管理上，使出了自己的绝招，那就是实施亲情化管理，处处替员工着想。她的想法很简单，只要自己对员工讲真情，真心付出自己的感情，员工就会觉得不拼命干活愧对于她。假如有一个员工背叛她，那么这位员工就会被其他员工唾弃！

陶华碧让儿子李贵山制定了管理政策，并将“讲感情”作为最重要也是最基本的要素。比如，考虑到一部分员工住得离公司很远，交通不方便，每天吃饭都成为一个问题。她决定对公司所有的员工实行包吃包住。即使到公司后来发展到1300多名员工时，她仍然坚持执行这个政策。很多企业连想都不敢想，这么多员工包吃包住，企业得支出多少经费？

有一次，陶华碧无意中得知公司来了位年轻厨师，技术很好但出身很苦。这位厨师父母去世得早，留下两个年幼的弟弟给他抚养。但这位厨师很喜欢喝酒抽烟，每个月的工资都花得所剩无几。陶华碧很为这位年轻人担心，于是一天下班后，她专门请他到酒店喝酒。吃饭过程中，陶华碧动情地说：“孩子，你今天想喝什么酒就要什么酒，想喝多少就喝多少。但是我有一个要求，从明天开始，你必须将烟酒都戒了。你的两个弟弟还小，他们应该去读书，可千万别像我这样，一个大字也不识。”厨师听了她的话以后，非常感动，当即含着热泪表示戒烟戒酒。但陶华碧还是不放心，她决定每月只给他200元零花钱，其他的钱则由自己替他保管，他弟弟上学要用钱，再从她那儿支取。

几乎没有一个像她这样的大企业老板会如此关心员工，甚至只是一个普通打工仔。陶华碧说：“虽然我没有文化，但我知道帮助一个人，就能感动一群人；关心一群人，就一定能感动整个集体。”

贵州人有个习俗，过年过节时要吃狗肉。因此，她特地建立了一个养狗场，常年养着80多条狗。逢年过节时，就会杀狗供全公司会餐。如今，全公司1300多名员工，她能叫出大半人的名字，还记住了他们的生日。每当有员工过生日，就会收到她送的礼物和鸡蛋长寿面；如果有员工结婚，她会亲自当证婚人；如果有员工出差，她总是像一个老妈妈送别儿女远行一样，亲手为他们煮上几个鸡蛋，把他们送到厂门口，直到看着员工坐上了公交车，才会转身回去……

一次，一个离开了“老干妈”的员工在别的单位干得不顺心，想回来。陶华碧知道后，说：“如果在外面干得不如意，可以回来。当妈妈的哪会嫌儿丑呢?”真情，让陶华碧在公司里拥有了“亲妈妈”一样的感召力，公司有了超强的凝聚力。在公司员工的心中，她就像自己的妈妈一样可亲可近。员工们都不叫她董事长，而叫她老干妈，也很少有人愿意离开“老干妈”。

正是这种处处为员工着想的真情，让“老干妈”迅速发展壮大，并且跻身中国50强企业，位居第5名。

留人心经

作为一名企业管理者，应该明白只有付出才能得到回报的道理。只有处处为员工着想，员工才会处处替上司、替企业着想。要做到处处为员工着想，就需要管理者做到以下几点：

——了解员工的心情

人是一种感性动物，管理者必须关注每一位员工的心情。如果一个知识渊博、经验丰富、能力非凡的上司，却无法留住手下的优秀员工，那很可能是由于他不能体会下属的心情。在任何一个团队中，了解每一个人的喜怒哀乐，可以说是笼络人心的一大法宝；做不到这一点，是不配担任管理者的。

——考虑员工的感受

在宣布一个决定或者作出决定之前，最好咨询员工的看法或者是意见，顾及员工的感受。虽然说，决策的制定者是管理者，但是将这个决策付诸实践的却是员工。如果管理者不顾及员工的感受，贸然公布一项决定，可能会引起员工的埋怨或者抵制情绪。

——在细节处体现对员工的关心

关心、体谅一个人，并不是要在面临重大的事情时才有所表现，而应该是表现在细节之处。比如，在吃工作餐时，应该和员工们坐在一起，不要远离他们。这样，员工会认为管理者是尊重自己的；或者在员工遇到困难时，尽力帮助他们解决困难。

管理员工从尊重开始

马斯洛的层次理论指出，人的需求是遵循生理需求、安全需求、被尊重的需求、人际交往需求以及自我实现的需求逐渐增加的。只有在低层次的需求得到满足后，人才会发挥主观能动性，更安心地工作，更愿意付出，达到自我实现的目标。对员工来说，低层次的目标很容易实现，但被尊重的需求却很难得到满足。

很多企业管理者受封建君王思想的影响，对尊重员工这个问题意味着什么始终想不明白。在工作中，抱怨没有人才、找不到人才、人才流失大以及员工难以管理等问题的管理者不在少数。其实，管理者们应该首先从自身找原因，或者检查自身是否存在着缺陷。管理者只有加强自身的修养，提高吸收人才的素质，努力创造员工满意的工作环境，才能够留得住人才，才能更好地进行管理。但是，想要做到这一点，还是要从“尊重”开始。

“尊重”是个说起来容易、做起来很难的词。它需要很高的修养，它能由里至外透射人格，这种人格是衡量一个成功人士的标准。“尊重”能给企业带来很多好处。员工对待工作态度消极、寻找借口不工作，并不是因为别的原因，而是因为工作氛围。尤其是高素质人才，他们更需要一种轻松和谐、相互理解的气氛，而管理者就是这个气氛的缔造者。只有这样，员工们才会乖乖进行分工合作，管理者才会带领出一支优秀的团队。

1984 年，万科公司成立。从那时候起，万科员工手册上印着这样一句话：“人才是一条理性的河流，哪里有低谷就流向哪里。”对万科而言，成功的秘诀之一就是尊重人，为优秀的人才创造一个和谐、富有激情的环境。

万科管理者认为做人要诚实、要有尊严。企业应该培养尊重人的企业文化，把人当做第一要务。对此，万科是这样做的：员工有选择权；平等交流；机会均等。

20 多年来，万科不仅努力为每一位员工提供公平发展的机会，还支付给员工在行业内相当有竞争力的薪酬。万科这种简单的相对理想化的企业文化，吸引了大批的优秀人才。万科提倡员工拥有健康丰富的人生，强调工作与生活平衡的重要性。公司从不干涉职员工作外的生活，也不主张员工带病上班或在家人患重病时上班。这与许多企业仍在将“以企业为家”作为正面事例大加宣传完全不同，这也是万科尊重员工的一种表现。

同时，在内部管理上万科也很注重平等的交流。集团内部论坛、内部网，在各级经理和职员之间建立了12 条沟通渠道，并明确写进了《职员手册》里。在万科发展的20 多年中，最令人骄傲的事情，是在行业还不够成熟的时候，万科都守住了自己的底线。无论用什么利益进行诱惑，万科始终坚持着自己的价值观：对人永远尊重；追求公平回报和开放透明的体制。万科有很多优秀员工，曾经有人出更高的价钱想挖他们过去，但是他们不愿离开。因为在万科工作，虽然工作节奏快、强度很大，但是活得有尊严，没有良心上的负担，不会为了公司的利益而使自己的职业生涯遭遇道德风险。

离职员工在万科也能受到尊重。虽然万科培育了大批优秀人才，但是也有一部分人才在成长后离开了万科。万科也因此被称为房地产行业的“黄埔军校”。对这些主动选择离职的职员，公司予以理解和尊重，并且允许离开的员工再回来。因此，万科有很多职员属于“几进几出”。

对此，王石有自己的看法，他觉得万科高层管理人员的流动，对中国房地产行业发展有巨大功劳。换种角度说，他们离开也为万科其他员工腾出了一个上升的空间。现任总经理郁亮也认为，万科有机会为行业培养更多的优秀人才，同样是万科成功的标志之一。

万科的“尊重员工，把人当做第一要务”体现了人性中高尚的一面。对人的尊重，使万科形成了公平开放的企业环境。这也是万科能够吸引、保留并培养了一批批优秀人才的秘密武器。

留人心经

很多管理者为了取得更好的管理效果，学习了很多关于管理方面的知识。但却因为运用不得当，结果适得其反。其实，管理者只要将“尊重”二字记在心里，就能达到目标。具体来说，管理者可以从以下几个方面做起：

——给员工属于自己的时间

如今，有很多企业，员工在下班之后很久都还没有离开工作岗位。这当中有一部分人是因为当天的工作没有做完而留下来的，但还有一大部分是没有事还留在办公室里，让管理者觉得自己是以企业为家的样子。有相当一部分管理者喜欢让员工加班；喜欢他们与自己有着同等的工作热情；希望他们把工作带回家做；甚至让员工为工作牺牲家庭。但是，管理者要知道，大部分员工都希望享受工作；希望自己的能力得到肯定，得到相应的薪水；在下班之后也可以暂时地忘掉工作，享受家庭的温馨。管理者应该尊重员工这些人性的需求，在下班后要求员工工作的事尽可能地避免。这样，员工不仅不会找借口拖延时间，而且会在宽松的工作环境中，提高自己的工作效率。

——尊重和包涵差异

一个企业里有着各种各样的人，这些成长环境、生活环境以及教育背景、工作经验不同的人聚集在一起，管理者要尊重他们个性的差异，找出不同点中的共同点。一个好的企业文化，是能够包含不同个性、塑造共同的价值观的。每个人生来就不同，他们都会对工作带来独特的贡献。管理者要承认人的最大特点就是人与人之间存在着差异，要克服自己的偏见。这样才能创造和谐的企业环境，创造更高的效率。

——尊重员工的不同意见

很多管理者不愿意听取员工的意见，是因为觉得他们能力不足，意见不具备参考价值，这是个误区。有的员工能力比较弱这是事实，但并不代表他们的意见没有可参考性，有的意见还是能够作为参考或者补充的。不论从哪个角度看，听取员工的意见都是很有必要的。一个人考虑问题不会十全十美，再说，一件事也很少有真正对错的标准。如果采取拒绝的态度，在某种程度上是伤害了员工的自尊，打击了他们工作的积极性。

——尊重员工的选择

每个人都有选择的自由，员工也有选择辞职的自由。不要将这种行为看做是一种背叛。因为你气愤的行为可能会给别的员工留下不可依靠的印象，会让他们产生不信任感。辞职很正常，可能是企业的目标与员工个人的发展目标相悖；或许是员工个人价值趋向发生改变，管理者不能过多地强求。员工选择了来公司工作，帮助他们成长是管理者应尽的义务；管理者千万不要把员工的成长当成给予他们机会，并且要求员工不断回报自己。这会让员工觉得管理者在人格上不尊重他们。管理者要接受员工的选择，对员工的离职完全可以做到“人走茶不凉”。

员工的辞职是再正常不过的事情，管理者应该正视这个问题，同时也可以发现自己身上的不足，为今后的工作提供借鉴，调整自己的领导方式。

疏导员工的情绪

慧聪国际资讯有限公司，并不是一个实力雄厚的大公司，但是很多人却知道它的存在。这是因为，慧聪公司的一项特殊管理方式吸引了很多人。慧聪公司的内部网上设立了一个“信息墙”，员工可以将自己的意见或者建议，以及有什么不满都可以“贴”在上面；公司的老板还设立了一个专门的接受员工意见的邮箱；员工也可以直接打电话给老板。当老板收到这些意见后，会一一回复他们。这样，每个员工都有机会发泄心中不满的情绪。

据一项调查显示，80%的员工的坏情绪都是因为小事或者是误会引起的。对于员工的情绪，管理者不能够掉以轻心，一定要耐心、认真地解决。很多时候，误会造成的裂痕是永远无法弥补的。另外20%的不满通常都是公司的管理出了问题引起的，管理者一定要及时与员工进行平等的沟通，先平静员工的情绪，然后再采取有效措施，尽快解决问题。

只有及时疏导了员工的情绪，才能避免员工的工作积极性受挫，保证员工的身心健康。对管理者来说，正确疏导员工的情绪不仅是必要的工作，还能够显示出管理者的管理艺术。

20世纪80年代，几个合伙人在台湾中部创办了平安机械公司。经过两三年的艰苦创业，公司顺利渡过危险期，站稳了脚跟，如何发展成了摆在管理者面前的首要问题。但是，几位创业者在公司发展战略问题上，意见无法统一。公司内部矛盾频发，甚至有几位元老离开了企业，单独创业了。

高层管理内部解体，对公司的影响非常大。从公司出去的元老们争相回到平安机械“挖人”；公司的管理一片混乱；生产效率十分低下，几乎处于半停产的状态。这一现实情况很快就影响到公司员工，他们纷纷要求辞职。为了留住这些员工，公司老总不停地安抚员工们，但仍然不能阻止员工流失。

无奈之下，老总找到一个资深管理顾问求助。顾问接受邀请后，到平安机械公司调查了解情况。员工向心力低，有40%的工人工作积极性很低，中层管理者害怕得罪工人，也不敢管；从公司走的元老们建立的新公司成为平安机械的直接竞争对手，老总害怕再被他们挖墙角，对员工百般委曲求全，对员工生产效率和产品质量都不敢严格地要求，公司产出的次品越来越多，危及到公司的生存。

一天，公司传来吵闹声，许多员工大声喊着：“我不干了!”“我们要辞职!”原来，员工们对新的工作制度以及人事安排不满，以辞职相要挟。老总一见情况不对，正准备出去制止。但考虑到顾问在公司，于是赶紧找他商量。顾问并不是很着急：“现在公司是不是急于赶任务?”老板如实回答：“只有现场生产的4部机器比较急，要在下周四前交货。”顾问又问：“一般情况下，几天可以完成这个任务?”“差不多5天吧，但是现在看上去，是不太现实了。”老总叹了口气。顾问想了想，告诉老总一个好主意：“不用着急，你先出去安抚安抚员工，告诉他们一定会给他们一个合理的答复。”

顾问还建议老总让员工们停工，老总非常不理解。顾问说：“现在公司非常混乱，一定有人在其中煽动。暂时先让他们得逞，我们找出主谋以后，再处理他。”当时，公司正在上班的员工约60人，办公室文员因工作需要照常上班，女操作员可以休息，技术人员和男操作员要一起去另外一家工厂参观，任何人都不能缺席。

到达另外一家工厂的时候，大家受到了厂长的诚挚接待。两位老板相互寒暄，交换了礼物，然后大家被带到工厂会议室，听厂长介绍工厂的情况。由于顾问事先与该厂长通过电话，因此，按照顾问的要求，厂长重点介绍了工厂内部劳资一体、共存共荣的理念。并一再强调员工的敬业精神、责任感和服从精神等。接下来，厂长又带着大家参观了工厂，并且让员工们与该厂的工人进行交流，面对这家工厂整洁而有条理的工作环境，员工们积极向上的工作面貌，大家十分羡慕，也在不知不觉中接受了教育。

参观结束后，厂长带着员工们一起去酒店聚餐。席间，员工们纷纷向老总敬酒，大家都非常开心。吃完饭以后，有人提议上庙烧香。于是，老总统一购买了香纸，大家一起参拜并祈求公司生意兴隆，人人身体健康。在回去的路上，老总十分开心，一口气买了70多份土特产，作为礼物分给每个员工。

从第二天开始，公司再也没有人缺席，也没有人迟到。老总与几个管理者商议之后，将合作战略进行调整，全体员工的情绪都稳定了下来，士气大增。几天后，原来在公司兴风作浪的人见此情景，只得提出辞职。

从那以后，公司元气逐渐恢复，上上下下稳定团结，生产效率也提高了，企业日益发展壮大。

任何企业都可能会遇到这样或者那样的情况，这些事情会影响到员工的情绪，关键看管理者如何解决，如何疏导。只要管理者将员工放在心上，就一定能解决好这个问题。

留人心经

随着社会经济的发展，人的压力也越来越大，员工的情绪常常会起伏不定。因此，学会疏导员工的情绪，已经成为管理者的必修课。那么，管理者应该如何疏导员工的情绪呢？

——分散员工的注意力

有时候，人的不快只是一件很短暂的事。一个人的注意力只能集中在某一件事上，假如将注意力转向愉快的事情上，就能够将人从忧虑的思维中解脱出来，使人的情绪慢慢稳定。因此，管理者应该学会分散员工的注意力。尤其是一些经历过危机的员工，他们的心里经历了剧烈的动荡，即使危机已经过去，仍会留有阴影。因此管理者绝不能忽视危机后的员工关怀。

——对员工的心理进行分析

员工在危机过去以后，对整个事件的了解也越来越多，恐惧的心理会慢慢下降，但仍然会维持在一个水平上。因此，管理者应该继续提供外部支持条件，并及时帮助员工走出不安情绪的困扰。

——建立反馈与激励机制

一般来说，员工对自己情绪不好时的表现没有把握。因此，在不良情绪过去以后，他很希望得到其他人或者是管理者的反馈。因此，作为管理者一定要建立一个良好的反馈与激励机制，对员工的表现进行及时和积极反馈，并且针对不同的员工进行不同的激励。这也是企业塑造企业文化的一个契机。

关心员工的家属

家人，在每个人的心中都有着不可替代的位置。从某些方面来说，家和工作都在争夺员工的时间，员工需要在两者之间找到平衡。总的来说，大部分员工都有着强烈的恋家情结，这使得员工需要花大量的时间、精力来维系与亲人之间的感情；对公司来说，员工若想取得一个好成绩，更需要倾心投入。但是，员工的时间和精力是有限的，于是就造成了企业与家庭之间的矛盾。

如果处理不好这三者之间的关系，极有可能导致三者的利益同时受损。因此，企业管理者应该引导员工正确地处理工作与家庭的关系。同时，还应该注意照顾员工的家庭、关心员工的家属。管理者只有顾及员工的尊严，关心他的家人，才能让他每天高高兴兴地工作，在工作中努力取得更好的成绩。而且，留住员工家人的心，也就留住了员工的心。

1946年，索尼公司成立于第二次世界大战后的东京。当时的东京几乎是一片废墟，日本社会经济非常萧条。不仅如此，人民的生活也十分困苦。一般人家的孩子，如果到了上学的年龄，父母想给孩子买个书包都十分困难，因为家里实在是拿不出那么多钱。

有一天，索尼公司的经理井深大与人闲聊时，无意间听说索尼有个员工没有钱给孩子买书包，居然向亲属借旧书包给孩子上学用。听说这件事后井深大非常难过，认为自己作为管理者是非常失职的。经过一番激励的思想斗争之后，井深大叫上助手，一起了解了公司职员的生活情况，得知很多员工的孩子都在上学，用的都是旧书包。于是，他亲自到商场批发了一批书包，赠送给家里有孩子在上学的职员，令公司全体员工感动不已。

一只小小的书包诱发了公司员工的强大凝聚力，井深大也明白了家属对员工的重要性。为了培养员工对公司的感情，他每年都要邀请员工的家属到公司参观，并且亲自将一只只书包赠送给那些即将入学的孩子。

20世纪70年代后，日本的经济飞速发展起来，国民的生活水平大大提高了。但是，索尼公司邀请员工家属到公司参观并赠送书包的做法却从来没有改变过。直到今日，索尼公司共向员工们赠送了八千多只书包。

索尼公司能够取得今日的辉煌成就，与公司全体员工的努力是分不开的。留住员工不在于给了他多少钱，而在于是否能够打动他的心。小小的书包却起到了价值数倍于它的“红包”的作用。

在世界500强企业中，像索尼公司这样关心员工生活、关心员工家人的企业非常多。这也是他们培养与员工的感情、增强员工对企业的归宿感的重要方式。

留人心经

既然关心员工的家属非常重要，那么管理者要从哪几个方面入手，才能让员工感受到企业对他的关心呢？

——关心员工家属要注意细节

要想留住员工的心，优秀的企业管理者不仅要关心员工的工作，还要关心员工的生活；甚至还要关心员工的现状和未来的发展。在平时，要关心理解员工，更要在员工困难时帮助他们，必要的时候，还要关心员工的家属。比如，员工过生日、结婚、生小孩、搬新家等，管理者就可以代表企业用各种方式表达关心；或者是员工生病时，管理者应该及时关心探望，减轻员工的工作负荷。

——了解员工的需要

管理者要真正做到关心员工，就需要真正地了解员工的需要，还要做到体察民情。管理者要多走动走动。一个整天忙忙碌碌、足不出户的管理者是不可能知道员工的心声的。管理者要从办公室中解放出来、深入基层，才能了解员工的基本需要；才能够倾听到员工真实的心声；才能提高企业的凝聚力。

——尊重员工的亲属

员工的亲属处于社会的各行各业，有生活在社会高层的，也有生活在社会底层的。但无论如何，管理者见到他们的时候都应该给予一样的尊重，要做到不偏不倚。只有这样，才能真正温暖每个员工的心。

关心员工的小事

管理者只有和员工在情感上交流和互动，才能有效驾驭员工。从小事上关心体贴员工，就是一个增进彼此情感的绝妙方法。作为一名管理者，只有站在员工的角度，时时刻刻替员工考虑，并妥当地为员工解决所关心的“小事”，员工才能站在公司的角度，重视和执行公司的“大事”。更为重要的是，这也是一种留住人才的有效方法。

日本桑得利公司的董事长岛井信治郎，被他的部下亲切地称为“父亲”。实际上，这位“父亲”对他的下属却很少露出笑脸。相反，他对员工的要求十分严格，有时甚至到了令人难以容忍的地步。

岛井信治郎经常亲自到工厂巡视，一旦发现纸屑、灰尘等杂物，就会冷若冰霜，大声喝令下属清除干净。如果看见工作不卖力的员工，就会毫不客气地责骂，令其无地自容。只要一看到他来巡视，员工们就会相互发出“敌机来袭”的警告，提醒同事小心戒备。

然而，在关心员工“小事”方面，岛井信治郎却做到了极致。在生活中，他是一位对员工呵护备至的好老板、好朋友。

有一次，岛井信治郎无意中听员工抱怨说：“房间里有臭虫，晚上难以入睡。”岛井默默记在心里。一天晚上，店里员工都睡着后，他点了一根蜡烛，蹑手蹑脚地来到员工宿舍，在门和柜子的犄角旮旯里抓臭虫。店员听到声响，从睡梦中惊醒，当他们看到正在认真捉臭虫的老板时，都感动得落泪了。

后来为公司发展作出重要贡献的佐田，刚进入公司不久他的父亲就去世了。岛井信治郎得知这一消息后，率领全体员工到殡仪馆帮忙。丧礼结束了，岛井信治郎又亲自开车送佐田和他的母亲回家。佐田后来当上了主管，常对人提起这件事并感慨到：“从那时起，我就下定了决心，为了老板，付出多大的代价我也愿意。即使是牺牲生命，也在所不惜。”

由于岛井对员工如此体贴，所以下属都能够耐得住严格的工作纪律要求，与公司风雨同舟。这也是岛井“关心员工小事”的必然结果。

留人心经

很多情况下，员工的事情虽小，但企业管理者能够积极关注，就可以体现出“大家庭观念”，从而达到留人先留心的目的。那么什么事才算是员工的小事呢？概括来说，主要包括以下几个方面：

——家庭成员的关系问题

如夫妻矛盾、妯娌矛盾、婆媳矛盾等。夫妻是家庭的主体，在一些事情上经常发生矛盾是在所难免的。比如，家庭开支问题，夫妻间的意见不统一，夫妻间的兴趣爱好存在差异，等等。

——长辈方面的问题

对夫妻双方父母的照顾，或双方父母的生老病死等。

——经济方面的问题

大额经费的支出所带来的困难，家庭生活困难，收入减少等。

——子女方面的问题

孩子自从出生，再到入托、上小学、中学、大学等没有一样不用操心的，因为培养不好或其他原因，会致使孩子走上歧途。

——疾病问题

一位普通员工住院了，领导亲自去探望，对他说：“平时你在的时候没感觉你作了多少贡献；现在你生病了，就感觉工作茫无头绪。你赶快把病养好，否则我这领导不好当啊！”员工听了感动不已。每个员工都会遇到头疼、感冒等情况，这时领导及时探望，会给员工带来心灵上的慰籍和温暖，从而坚定为公司努力工作的决心。

实现上下级自由沟通

沟通是一种把自己的想法、理念和信息传达给别人的过程，也是一种互相交换理解的过程。沟通是一个企业团队建设的重要环节，这个环节贯穿了团队实现目标的始终。沟通并不是企业管理者对员工下命令，而是双向地、相互地传递信息。管理者通过双向沟通，坦率真诚地听取员工的心声，能够及时地了解到每个员工的优点和弱点。这样不仅能够合理地利用人才，同时能够针对员工的这些特点，加强对他们的培养等。这就逐渐密切了管理者与成员之间的关系。

一个管理者如果想吸引更多杰出、优秀的人才，自由畅通地沟通是必不可少的。沃尔玛的总裁山姆·沃尔顿曾说过："如果把沃尔玛体制浓缩成一个思想，那一定是沟通，因为它是我们成功的关键之一。"这句话说明了沟通在任何一个企业的重要性。良好高效地沟通能够对员工产生极大的激励作用，给员工带来巨大的精神鼓舞。员工因此留下来更加努力地工作。

1847年，维尔纳·冯·西门子创建了西门子公司。如今，西门子股份公司已经成为世界上最大的机电类公司之一，其国际总部设置在德国慕尼黑。2005年，西门子集团在190个国家和地区共有员工460800人，全球收入为754.45亿欧元。

西门子取得如此骄人成绩离不开其在企业内构建的和谐真诚的沟通机制。这一点，西门子一直都是行业内的"佼佼者"。为了传达各种信息，让管理者与员工之间能够进行良好的互动沟通，西门子内部办了许多杂志和报纸。这些报纸包括《西门子世界》、《西门子之声》以及各业务集团主办的各种内部沟通杂志。

除此之外，西门子内部的网站更是一个有效的沟通平台。例如，西门子人事部建立有专门的网页，新员工能够登录网站了解如何融入公司交流。另外，网站还分为多个专门的网页，并且随时更新。比如，合资工厂、外国员工、人事招聘、培训、投诉等内容一应俱全。同时，为了加强员工之间的沟通，给他们提供便捷的沟通渠道，西门子内部网络还建立起了员工电子邮件系统。

不仅如此，在西门子，每个员工每年至少要与上司进行一次十分钟正规的对话，这样做的目的，是要让公司的领导层了解员工对某些问题的看法。同时，针对员工提出的这些问题进行有效解决；公司每年最少还要进行一次“员工沟通信息会”，在员工福利、公司政策、职业发展等多个问题上听取员工的意见，与员工进行双向沟通。假如员工在工作上有不同的意见，管理者是非常欢迎员工越过自己的上司直接向公司的高层领导反映的。

针对新员工进入公司对公司各项情况都不太了解的现实，西门子公司为新员工开设了“新员工研讨会”，每一届会议的召开，公司的CEO都会参加，真诚地为新员工介绍企业文化以及公司背景等信息，面对面地与员工真诚地交流。另外，西门子的培训，也为新旧员工之间进行沟通提供了很好的机会。并且，所有的集体培训都会有CEO的身影，CEO在会议上与员工进行面对面的交流。

为了改善公司的业务和管理，西门子还鼓励员工对公司的任何方面提出合理的意见与建议。被采纳的员工建议会很快地在公司实施推广，西门子公司也会奖励那些提出合理意见的员工。通过员工们的建议，西门子的气氛被营造得十分活跃，公司每个员工都会充分发挥自己的聪明才智和热情，为公司的发展贡献自己的力量。在西门子内部，不管员工的建议是否能够被采纳，但是重要的是，这种沟通为每位员工都提供了“说话”与“参与”的机会，增强了员工的主人翁意识，使每一位员工的力量都得到了发挥。

让人赞叹不已的是，西门子在全球各地每年都会进行员工的满意度调查，真正地将员工的想法放在心上。一般情况下，他们都是组成一个

12人的小组来负责这项调查，小组成员每年都会更新、实行6进6出的原则，保证了调查的客观性和公正性。

公司与员工之间的这种有效的沟通，使信息与思想在西门子内部快速地流动，为这个庞大的公司带来了活力，使它更加灵活、敏锐。不仅如此，还为公司吸引、留住了大量人才。

西门子公司利用沟通这一有利武器，为公司留住了大量人才，创造了更多财富。值得所有企业管理者学习、借鉴。

留人心经

沟通只有真诚、坦率，才能够起到它的作用。只有这样沟通的管理者，才能了解到企业的真实情况。管理者要达到这一目的需要做到以下几点：

——把握沟通的原则

首先，沟通要做到的就是主动。不论是领导还是员工、管理者还是被管理者，部门与部门之间只要有了矛盾，就要主动地去沟通，不要等到出了问题以后才去解决。每个人都应该主动地将自己的心交出去，用自己的真心换回别人的真心。其次，沟通一定是双向的。沟通不是简单的说教，而是心灵和心灵的碰撞，是相互了解和体谅，不是一种思想强迫另一种思想。再次，沟通必须要站在对方的角度上看问题。很多时候，出了问题大家都埋怨是因为别人不尊重自己、不理解自己。其实，如果站在对方的角度上看，也许就会获得不同的答案了。最后，沟通的过程中尊重对方，不论是学历还是职位的差异，都不是不尊重对方的借口。很多管理者喜欢以职位压倒对方，其实是不可取的。在沟通中，一定要注意尊重对方，尤其是管理者要尊重下属。

——增强沟通意识

有一部分管理者缺乏沟通意识，习惯坐在办公室等着员工上门报告、请示。无论任何事情在个人作出决定后就下命令、作批示，很少顾及员工的想法。在一项政策要出台时，也不去征求员工的意见，导致政策推广时困难重重。其实，管理者应该树立良好的沟通意识，并且明白沟通对自己的工作和企业发展的重要性。不仅自己要有沟通意识，还要建立起一种沟通的企业文化氛围。

——讲究技巧

做任何事情都需要讲求技巧，蛮干是不可取的，沟通也不例外。管理者要想实现有效的沟通，要做的第一件事就是欣赏他人。欣赏一个人，才是交流的前提，也是沟通的基础。只有互相欣赏才会产生心灵的碰撞，才能产生火花。要做的第二件事就是要注意沟通的方式是灵活多样的，并没有千篇一律的规定，对不同的人要有不同的技巧和方法。这就要求管理者在日常工作中要注意观察员工的各种习惯和想法，这样才能建立起愉快的沟通方式。要做的第三件事就是善于倾听，只有这样，员工才会说出实情。要做的第四件事就是激发员工兴趣，在沟通的过程中，管理者要注意自己与员工交流时的表情等，比如，在适当的时候点头或者微笑表示赞许，都会激发员工交流的兴趣。

危难时刻不裁员

在经济形势风云变幻的现在，企业随时可能面临着各种困境。有的困境一时就能渡过，有的困境则持续时间较长。但无论现实情况有多艰难，企业管理者首先应该考虑的是如何带领员工走出困境，而不是裁员。

企业的财富是员工创造的，面对“寒冬”，企业应该留住员工。其实，留住了员工，也就是留住了企业发展的希望。将困难当做是一次考验，激励员工与企业一起同舟共济、共渡时艰。只有这样，员工才会感受到企业的温暖，才会让他们更加珍惜眼前的工作，将自己的命运与企业的命运紧紧联系在一起。

第二次世界大战以后，日本经济逐渐走向低迷，很多企业纷纷破产倒闭。日本松下公司也陷入了前所未有的困难之中，产品积压情况严重。为了解决眼前的困境，有人向松下幸之助建议：“咱们可以裁员一半，这样就节约了成本，公司压力小就能挺过这一关了。”后来，这个消息不胫而走，闹得公司人心惶惶。

这时的松下幸之助因生病住进了医院，他的得力助手井植和武久到医院去看望他，并且将公司里发生的事情一五一十地向松下幸之助汇报了。听了他们的汇报后，松下沉默了很久后问他们：“公司现在遇到了这么大的困难，你们有什么好的办法能够解决这个问题吗？”井植想了想，说：“我也觉得除了裁员外没有更好的办法了。”松下从病床上欠起身，看着井植，目光坚定地说：“我已经决定了，一个人也不裁。”武久和井植听了后，都大吃一惊。在这样艰难的情况下，养着这么多职员，无疑会快速将公司拖垮。

看着迷惑不解的两位得力助手，松下说："假如我们现在裁员，别人就能够看出我们的处境很艰难，别人的公司就会乘机跟我们讲条件，打压我们；如果我们一个人都不裁，业界就会觉得我们是很有实力的，自然就不敢小看我们，那些竞争对手便不敢轻举妄动。况且，现在经济危机这么严重，这些员工都是为公司贡献了力量的人。如果裁员，他们找不到工作的话，生活怎么办?"武久听后觉得松下的话很有道理，但担心地问松下："我们已经没有那么多活分给大家干了，怎么办呢?"松下回答说："办法我已经想好了，将员工的工作制改为半天吧，工资仍然按照从前的全天标准计算。"

井植和武久回到公司后召集了所有的员工，向他们传达了松下幸之助的决定，并且清楚地讲明了公司现在面临的处境。员工们听到不裁员的消息后都欢呼雀跃。但他们同时也知道了公司的艰难困境，每个人都在心里暗暗发誓要竭尽全力为公司而战：公司处处替他们着想，在公司面临艰难的时候，他们有什么理由不为公司尽力呢?

在这之后，松下公司出现了万众一心、同舟共济的局面。每个人都在为公司尽自己最大的力量。很多公司听说松下公司不减一人，而且员工们上半天班却给发全天的工资，顿时对松下公司刮目相看。觉得松下公司不愧是日本一流的大公司，肯定是有解决问题的灵丹妙药。

松下公司的全体员工在半天工作之余并没有休息。为了将公司积压的库存产品全部销售出去，每个员工都自愿出去挨家挨户推销公司的产品。仅仅花了两个月，这些库存产品就销售一空。后来，这些员工还主动恢复了全天工作制，他们都想加班加点干活赶制出大批货物卖出去，帮公司渡过难关。

松下公司在危难之时，没有抛弃员工，没有以裁员来减少企业成本，而是在困难时还站在员工的角度，替员工着想。这种做法感动了员工，激发了员工的工作积极性。

留人心经

员工是企业财富的创造者。企业管理者都应该知道，在企业危难时，留住员工就等于留住了希望。那么，管理者如何做才能避免在困难时裁员呢？

——不要向员工隐瞒坏消息

企业管理者为了避免员工士气低落，常常会隐瞒一些不好的消息。其实，这么做只能让员工对目前的情况一无所知。解决困难在疏不在堵。如果管理者发现了危机的“苗头”，但是刻意隐瞒事情的真相，将员工蒙在鼓里，那么当危机真正来临时，可能就没有防守之力了。所以，只有让员工知道了事情的真相，才能从源头上解决“危机”。

——做决定前先与员工商量、沟通

很多公司常常犯的一个错误就是，简单告诉员工公司的一些决定，没有任何解释。员工们处于生产以及各个环节的第一线，对事情的本身都具有判断力和洞察力，他们要的不仅仅是公司的一个决定，而是参与到公司的决策中来。比如，公司需要裁员或者缩减规模等，就一定要公正、有人情味地与员工沟通，告诉他们这个决策的原因。员工会理解这个决策的，因为大多数员工更在乎别人对自己的态度而不是实际困难，这样做也给留下来的员工吃了“定心丸”。

经卷 9

Jingjuan

用领导魅力去留人

让亲和力拉近与人才的距离

亲和力对管理者来说，是非常重要的。在同样的条件下，拥有亲和力的管理者更能让其团队成员服从管理并且高效工作，反之，则是摩擦不断。亲和力是管理者身上良好修养的体现，也是一种技能，它能拉近管理者与员工之间的距离。

有很多管理者认为，假如亲和力太强自己会被员工看成是没有本事的人。但事实证明，有亲和力的领导看起来十分低调，更受人拥护。因为有亲和力的管理者让员工觉得很亲切，这样的管理者不仅不容易被得罪，还会给予员工空间，给予员工更多的肯定，让员工们觉得自己被尊重。

东芝公司的创始人土光敏夫使东芝获得成功的秘诀，就是他身上散发出的亲和力。他即使到了70多岁高龄，还走遍了东芝在日本全国的各公司、企业，有时候甚至乘夜间火车亲临企业视察。有时候是星期天，他都放弃休息，去工厂转转，与保卫人员和值班人员亲切交谈。因此与职工建立了深厚的感情。

他曾经说过："我十分喜欢与职工交谈，不管是哪种人我都喜欢和他交谈。因为从中我不仅能够听到很多创造性的语言，而且还能获得很大的收益。"有一次，他在前往东芝姬路工厂的途中，碰上倾盆大雨。他赶到工厂，下了车之后没用雨伞，就站在雨中同他的工人们讲话，激励大家，并且反复向大家阐述"人最宝贵"的道理，让职工们十分感动。他们围在土光敏夫的身边，认真倾听他的每一句讲话。

大家的心被他炽热滚烫的语言连在了一起，所有的人都忘了自己是站在瓢泼大雨中，员工们的眼中流下了激动的泪水，此情此景，感人至深。讲完话后，土光敏夫的全身早已湿透。当他乘车离开时，激动的职工们一下子围住他的车，他们一边敲着汽车的玻璃窗，一边大声喊道："社长，当心感冒！保重身体才能更好地工作。您放心，我们一定会拼命工作的！"

面对眼前的情景，土光敏夫不禁流下了眼泪，他被这些为公司的兴旺发达而工作的员工们的进取精神和真诚所打动，与此同时，他也想到了自己的职责，那就是热爱自己的员工。

管理者有时候可以说是企业的灵魂。土光敏夫身上散发出的亲和力，吸引了越来越多的有识之士，为东芝的继续发展奠定了基础。

留人心经

亲和力是提升管理者管理的一个方面，因此，管理者培养自身的亲和力很重要。在这里向管理者们介绍几种培养自身亲和力的方法。

——注意自己的讲话效果

管理者应该提高自己的口头表达能力，因为口头表达能力与其他修养是相关的。在说话的时候，要饱含炽热而健康的感情，同时配合准确、简练、恰当的肢体语言。只有这样，才能真正打动员工。

——注意倾听员工的心声

在员工发表自己见解的时候，管理者应该集中注意力，专心听对方谈话。保持一种谦虚的态度与说话语气。即使员工有些话说得不对，管理者也应该心平气和地倾听。在员工说话的过程中，观察、体会员工的非语言信息，从中发现员工的真实心声，给以有效地引导和辅助。

——赞赏讲究艺术

就算是员工只取得了一点点小的成就，管理者也不应该疏忽。而应该多加留意，不要错过任何可以褒奖员工的机会。褒奖要适时，最好选在团队面前进行赞美；但是指责一定要在一对一的场合。赞赏员工的时候，一定要抱着真心实意的态度。

——应杜绝的言行

作为管理者，要想培养自己的亲和力，拉近与员工之间的距离，就要避免出现以下行为：总是贬低能力比自己差的人；在自己心情不好时，就把坏情绪到处散播；该完成的工作未完成时，找借口掩饰；上级在与不在时的态度完全不同；总是自己找理由，不敢承担责任；当忘记带答应给别人的资料时，认为下次再带就行了；即使是已经决定的事情，但如果与自己相异，也会应付了事；虽然工作上自己犯错，但找理由说是别人不是；虽然高调行动，但没有什么实质成果；工作完成有问题，设法推卸责任；碰到问题时，先是避重就轻或逃避；把别人的策划当做是自己的想法宣扬。

身先士卒，树立行动榜样

中国有句俗话说："火车跑得快，全靠车头带。"目前，市场经济形势变化迅速，要使企业健康稳定地发展，就要依靠企业广大员工及领导共同努力、共同奋斗。企业管理者在企业中的作用，就好比"火车头"，只要带头人身体力行，身教重于言教，时时处处为人表率，就能在团队内树立起良好的自身形象，赢得深孚众望的权威。自然，有了这样的权威，就能在他所领导的团队中产生影响力、感召力和战斗力。

要想为员工树立行动榜样，管理者不光是要说在前，更要做在前，说得再漂亮也不如做得漂亮好。当然，任何企业作为一个团体组织，言教也是必不可少的。没有言教就没有了号召，管理者就没有办法带领团队成员为某项目的和目标而行动、奋斗。但言教必须得到自己身教的佐证和配合，换言之，"要让员工做得怎样，自己首先就得做成怎样"。榜样的力量是无穷的，它不仅是无声的号召，同时还是有形的示范；员工在接受领导、管理的过程中，通常情况下是在不断地看着管理者所做的和所说的是否一致。管理者亲身示范，往往能够收到仅靠言教难以达到的理想效果。

孔子曾说："君子之德风，小人之德草，草上之风，必偃。"说的是管理者的作为就像风，下属的行为举动如同草。风吹向哪里，草就摆向哪里；领导怎么做，下属就怎么做。管理者的态度和行为随时可以感染员工、影响员工。

所以，对于管理者而言，不但要做到以理教人，更重要的是要做到以身示人、以情感人、以德服人。靠身体力行、以身作则来教育、激励员工，更能收到良好的效果。

日本第二次世界大战失败以后，社会经济萧条。松下公司面临着前所未有的困境。为了让全体员工振奋精神，以积极的心态投入到工作中去，松下要求员工们振作精神，不迟到、不请假，大家一起渡过难关。

在这个要求颁布了之后不久，松下本人上班却迟到了10分钟。事情是这样的，松下每天上班都是由公司的汽车来接的，那天一早松下就起来了，他等了很久，公司的车都没有来。松下看了看表，十分着急。因为时间已经不太充裕了，于是，他乘上电车，上去没一会儿，公司的汽车就来了。没办法，松下又只好从车上跳下来，坐公司的汽车。如此一番折腾，松下到了公司时已经迟到了10分钟。原来，司机晚来接松下是因为司机班主管督促不力，司机睡过头了。

按照松下订的新规，迟到就要收到批评、处罚，他认为这件事必须严厉处理。首先他以不忠于职守为理由，给司机以减薪的处分。司机的直接主管、间接主管也因此而受到处分，松下一共处理了8个人。但是，松下觉得要对此事负责任的，还是作为最高领导的自己。因此，他对自己实行了最重的处罚，退还了全月的薪金。

只是迟到了10分钟而已，就处理了这么多人，还给自己最重的处罚，这在日本企业界引起了很大震动，松下公司的全体员工也深受教育。律己才能律人，领导自己犯了错，就主动处罚自己，这样做产生的激励效果，比制定一千条规定都要好。管理者想把企业塑造成什么样的组织，想让员工有什么样的言行，他自己就必须首先那么做，这样才能为员工做出表率，影响和激励员工。

后来，松下公司逐渐形成了一种“言必行、行必果”的作风，公司上上下下空前团结。

松下公司的成功固然包含着方方面面的原因，但松下的领导作用是不可忽视的。中国有一种说法“以德服人”，只有这样才能让员工心服口服，成为管理者的追随者。

留人心经

管理者要想为员工树立一个好的榜样，需要注意以下几点：

——时时刻刻以身作则

在企业管理的过程中，假如管理者能够率先给员工做出示范，能够以身作则努力工作，那么管理者的热情和精神就会影响到下属。激发了员工对工作的热情和积极向上的态度，热情的工作氛围就会形成了。可以说，管理者的榜样作用是具有很大的感染力的，这也是对下属最大的一种激励。

——对事不对人

管理者要做到对事不对人，处罚要公平合理。如果在带领员工工作的同时，自己指导失误的话，就不要把责任推卸给别人。是自己的错误，就要“言必行”，不能因为自己是领导就可以搞特权。现实中，很多领导希望自己能在员工面前起到表率作用，但当问题出现时，即使是自己做得不对，也会碍于面子而放弃对自己的处罚。

——有明确的原则

在为员工树立榜样之前，管理者应该明确自己想要达到的目标，并且这个目标比较直观、明确，能让员工直接感知到，而不是抽象的。对员工而言，他们需要的是一个有着明确原则、信念坚定的领导，并且能从管理者身上得到这种信念，从而使自己与管理者一起为了公司的信念而努力工作，实现最终的目标。

——信守承诺

如果是自己做不到的事，就不要随意承诺；更不要自己做不到，还要求员工去做。既然说出去的话，就等于泼出去的水；既然制定了某项政策，就要积极遵守。如果承诺了又没有做到，会让员工觉得自己的领导只能说说，并不能实干。这样不仅不能起到激励员工的作用，反而适得其反。

与员工分享成就

从古至今流传着这样的一句话："财聚人散，人散财聚；才散人聚，人聚才聚。"深刻说明了只有将自己手中掌握的财富散给其他人，其他人才会聚在你的身边跟随你；如果你将这些钱紧紧攥在自己手中，那么，没有人会跟随你，他们会像水一样离开。

财富不仅是针对金钱，还包括所有集体所获得的物质、精神荣誉。如果管理者将所有的成就都抓在自己的手中，那些跟随着管理者，辛辛苦苦与管理者一起打天下、拼命干活的人，却什么都没有拿到。日积月累，这些人的心寒了，人心也不齐了，甚至有的人会选择离开团队。而管理者所拥有的永远只有手上攥着的成就，再也没有办法让成就增长了。

1999 年 1 月，蒙牛乳业集团成立了。经过 10 多年的发展，目前，蒙牛集团在全国 15 个省市区建立了生产基地 20 多个，拥有液态奶、冰激凌、奶品三大系列 300 多种产品。蒙牛与 IT 行业的联想、网络行业的阿里巴巴、电器行业的海尔等都是行业的顶级品牌，也是中国最具价值品牌之一。

蒙牛取得如此辉煌成就与其创始人牛根生的"分享"意识是密不可分的。2004 年年底，一条关于蒙牛的消息在报纸、网络等媒体上迅速传播。这条消息改变了很多人对中国企业家的看法。原来，是蒙牛集团最大的股东牛根生，要将自己持有的蒙牛 10% 的股份捐出来，创立一个保障蒙牛百年发展的"老牛专项基金"。

在牛根生有生之年，他每年红利的 51% 转为"老牛专项基金"，剩下的 49% 的红利依然由牛根生自己支配。如果牛根生卸任了，表决权留给他的继任者；一旦牛根生夭年了，他的股份将全部捐给“老牛专项基金”；牛根生的家人不再享受继承权，他的妻子、儿女只能领取基本的生活费。

此消息一传出，震惊了整个行业。牛根生不仅是行业第一个捐股的人，也是全球第一个捐股的人。牛根生此举感动了蒙牛的所有员工，他们相信，一个能够将自己所有股权捐出来，一心为企业、为大家的人，是不会亏待他们的。

牛根生捐股一时间成为热门新闻，为蒙牛吸引了更多的优秀人才。

牛根生深知，企业的财富是员工们创造出来的，他所拥有的财富来自企业的获利。企业要想获得长足发展，就必须留住优秀人才，吸引更多的优秀人才加盟蒙牛。因此，牛根生将自己的股权捐出来，与所有蒙牛人共同享受这一成果。

留人心经

古语说：“人心齐，泰山移。”虽然有点夸张，但是也说明了团队精神的重要性。管理者作为团队中的一分子，有责任、也有义务增强团队的凝聚力。而分享成就是一个很有效的方法。那么，管理者究竟该怎样与员工分享成就呢？

——与员工分享物质成就

从某种程度上来讲，员工聚集在管理者的周围，尽量发挥自己的才能，将工作做得更好，是因为管理者能够带领他们去实现自己的梦想。从现实角度来看，员工聚集在管理者的周围努力工作，是因为管理者能够获得并支付其幸福生活所需要的资源。这种资源，主要以钱财为典型代表。因此，当管理者拿到物质成就并掌握着分配大权时，最好与员工共同分享。

——与员工分享精神成就

有时候，在团队所有成员共同努力、奋斗下获得了某项成就。也许这项成就很小，没有得到任何物质奖励。这时候管理者也应该说一些温暖人心、鼓励的话；或者是将得到的锦旗等荣誉挂在共同工作的场所。只有这样，才能激励员工更努力地工作。

严格自律，约束员工

谈到自律，也许很多人认为它是一种思想意识层面的东西，有点空洞。其实不然，对于企业管理者来说，自律更是一种能力，是一种吸引员工的魅力。

一个管理不了自己的人，如何管理别人？一个每天上班不守时的人，其下属会守时吗？一个下班逛街、泡吧、看连续剧，书都不翻一下的人，其下属会热爱学习、追求进步吗？一个上班常打私人电话、上网聊天的上司，其下属会集中精神、全力以赴工作吗？

同理，一个刮风下雨、雷打不动准时上班的上司，他的下属很少敢迟到早退；一个努力学习、不断进取的上司，他的下属如果不加倍努力，很快就会被淘汰；一个严以律己的上司，他的下属也不敢造次。

自律，最能让员工受到感染，最能帮领导者建立威信。这也正是三洋公司的总裁井植薰“欲善人先善己”的精髓所在。

井植薰常说：“不能制造优秀的自己，怎么谈得上制造优秀的人才。优秀的管理者才能打造出优秀的员工，再由优秀的人去制造优秀的商品、更优秀的自己和更优秀的他人，这就是三洋的特色。”

井植薰的这种极度体现自律精神的经营哲学，感染了三洋公司的全体员工。他是这么说的，更是这样做的。1969年，他接替了三洋的董事长、总经理职位后，从来不为自己格外制定什么标准。要求别人做到的，自己首先做到。公司的规章制度，也是极力遵守，从不纵容自己越轨。例如，三洋公司曾经推出的力戒“去向不明”政策，井植薰就带头遵守。当时没有手机等先进通信设备，一旦有什么紧急的事情要找什么人员，而他不在公司又不在家，没人知道他的去向时，往往会误事。针对这一情况，井植薰要求所有人员外出，必须让公司知道。井植薰每次外出，必定让公司某人知道他的去处，即使是私事也不例外。

井植薰要求员工尽力为公司考虑。他认为，如果一个职工下班后一跨出公司就只过自己喜欢的生活，那他一辈子也不可能被提升到重要的职位上。员工应该站在更高层次来要求自己、完善自己。这一点，井植薰也是从自己开始做起。对于他来说，一天除了睡觉之外，其余都在考虑公司的事情。

井植薰在教导部属“如何做”时，要求自己能率先做到。正像他在一次谈话中所说的那样：“领导者如果以为公司的规则只是为普通员工制定的话，那就大错特错了。它应该是公司全部的人都必须遵守的规矩，包括部门经理、总经理、公司总裁、董事长等高层管理者。如果以为自己是高层管理者，下面的事由人代替去做，就以为迟到几十分钟无关紧要，那是绝对行不通的。大家都听过‘上行下效’吧？前面有榜样，后面就有跟随者。管理者放纵自己，便会造成公司上下懒散的作风，这足以让一个前景大好的公司滑向失败的深渊。”

某一天，有人问他：“您现在年事已高，还以身作则，会不会太累？”井植薰回答道：“再累也得坚持啊！不严格自律，对下属就不可能有号召力和感染作用。我作为三洋的董事长、总经理，在国内有7万双眼睛盯着我看，大家都在注视我的行为，我必须言行谨慎，不能有半点失误。”

榜样的力量是无穷的，员工随时随地都在看着上司。正是井植薰这种严格自律、身先士卒的模范表率作用，留住了大量优秀人才，三洋企业才得以取得辉煌的成就。

留人心经

作为企业的管理者，绝对不能只把工作分配给员工就满足了。一定要身体力行，严于自律，这样才能吸引优秀人才，带领公司突破困境，实现公司的目标。所以，领导者一定要知道“律人必先律己”“己不正，焉能正人”

的道理，并且从以下几个方面入手，培养自律能力：

——自我反省

自律必须先自省。管理者要“吾日三省吾身”，对自我角色要有正确的定位和认知能力。这样，才能充分认识自己的不足，不断修炼、与时俱进；这样，就不会整天浑浑噩噩、养尊处优、不思进取。此外，管理者要有服务意识，少一点应酬、多一点学习；少一点骄傲、多一点谦虚；少一点粗心、多一点谨慎；少一点过去、多一点未来；要见贤思贤，见不贤而自省；善于借鉴先进的工作思维和工作方法，在工作中出现了缺点和失误，要汲取教训，时时引以为戒。

——“自律”并不是要充当“苦行僧”的角色

自律必须理性。要善于发现并尊重事物本身的规律，不能凭空猜疑、绝对肯定、固执己见和主观臆断。在管理过程中要有周祥的计划，要按章办事、有法可依。千万不能想当然、作出错误的决策。

——身体力行，吸引下属

一切的竞争可以归结为人的竞争。没有不可用的人才，只有不会用人的领导。企业的执行力，往往来自于管理者的个人魅力和表率作用。一个企业能否留住优秀人才，取决于管理层和执行层。有句俗话说得好，“律己方能律人”，管理者只有身体力行才能树立权威，政令才能得到施行。

——养成自律的习惯

向一些高度自律的成功人士学习，就会从他们身上得知，自律并不是偶尔为之，而必须成为一种习惯和思维方式。为自己指定系统常规的目标或计划，是培养自律的最佳方式，特别是在重要的、需要长期追求的指标项目上。例如，卡内基就习惯把自己曾经做过的错事整理成文档保存起来，以作警示。再者，洛克菲勒，自从53岁身体状况欠佳后，就一直养成了早起锻炼的习惯。所有的这些，都不是可以做做停停的事，都是必须在有生之年坚持下去的。

——抛弃一切借口

领导者想培养自律的品质，第一步要做的就是破除自己喜欢找借口的习惯。正如法国古典文学作家佛朗哥所说：“我们所犯的过错，几乎都比用来掩饰的方法更值得原谅。”如果有几个可以原谅自己放纵的理由，那么，一定要从内心深处明白“它们只不过是一堆借口罢了”。

用激情感染他人

企业管理者所表现出来的激情，是一种精神力量。虽然激情不能代替缜密的思考和良好的战略执行力，但它是一个强大的发电厂，可以给组织这台机器运转的动力；可以使这台机器运转活跃起来；并使组织成员愿意更努力和更好地去维护其运转。

如果管理者是一个有激情有斗志的人，工作能力强，作风民主，关心员工，有远见，决策准确、果敢，那么，该组织的团队凝聚力就会很大；相反，如果领导本身对事业毫无进取心，且心胸狭窄，做事目光短浅，缺乏管理经验，作风专横，自私自利，那么，企业的管理就会受其影响，漏洞百出，更谈不上留住更多的优秀人才。

比尔·伯德是美国著名的优秀企业家，他拥有一家巧克力厂，同时还经营着糖果店、冰激凌店和烹饪学校。他之所以能够取得成功，就是因为他用无与伦比的激情吸引了大批优秀人才。

比尔·伯德并非天生就有这种特质。他当年买下那家巧克力公司的时候，也与普通人一样，对巧克力完全不知情，且毫无激情。虽然他还算喜欢巧克力，但那对他来说只是一种食品，绝不像后来那么狂热地爱好它。他买下那家巧克力公司的原因，只是觉得那是一个有利可图的行业。

后来，他就开始了与巧克力同呼吸、共命运的事业。由于工作需要，他转变着自己，开始尝试着去了解各种不同的巧克力，以及巧克力需要添加的成分；他也知道了普通巧克力与优质巧克力的差异。慢慢地，他开始着迷了。他找来各种书籍和文章，出席各种巧克力的研讨会，尽一切可能地往自己头脑中填充与巧克力有关的知识。最后，他知道了各种有关巧克力以及如何制作巧克力的知识，包括从哥斯达黎加巧克力豆的生长，一直到它被摆放在中美洲各国商店的货架上这中间的任何一个环节。在他看来，一块巧克力不仅是一种食物，更是一件艺术品。他一张口说话，就离不开巧克力，他不断地把他所知道的与巧克力有关的知识告诉每一个员工。他的桌上还放有一个杯子，上面写着“假如你发现我无精打采，请马上给我一块巧克力”。伯德还经常告诫他的所有员工：“我们能让美观而美妙的巧克力给人们带来无限快乐，还有比这更美好的事业吗?!”

比尔·伯德的这种对巧克力及工作的激情，感染到了公司的每一个员工，让公司的每一个成员干劲十足。他们更加关心如何制作优质巧克力，而不是仅仅将产品生产出来。这已经成了他们的一种信仰。

留人心经

卓越的企业，都有着各自不同的留人秘诀。但是，其中大部分都有一个共同点，那就是用激情感染员工。所有企业管理者以及他们所在的组织与团队，都应该拥有追求成功的激情，并将这种激情展示出来，以留住更多优秀人才。具体来讲，管理者可采取以下措施，用高度的激情感染下属：

——直言自己的感情

比如，面对一种事情的结局时说：“我很失望，我们又一次没有达到目标。但是绝不能灰心丧气，今后我们要更加努力，争取实现心中的目标！”或者说：“太好了，我的感觉太棒了，因为我们的产量超过所有人预料的60%！让我们继续奋斗吧，前途会更加光明！”

——善于在不寻常的场合表露激情

在一个不同寻常的场合，当激情的表露与一个人通常的行为产生巨大反差的时候，往往会获得意想不到的效果，进而吸引更多的下属追随你。

——对自己的激情表露进行彩排

拍摄自己在积极和消极地表露情感时的录像。在拍摄之前，心里记住一两个貌似真实的、可以表露情感的工作场所的情景。即使对表演并不在行，也会从处理情感的机会中受益。

——热情与理性结合起来

在生活和团体中投入热情的人，会发现他们得到的乐趣和刺激更加长久。没有任何东西能够代替内心的激动。热情一旦与理性结合到一起，就会迸发出火热的干劲与合作精神，并能吸引成千上万优秀人才加入到他们的行列中去。

与下属同舟共济

在企业发展的过程中，难免会遇到这样或者那样的困难，有的困难持续时间短，影响比较小，咬咬牙就能挺过去；而有的困难对企业的打击非常大，甚至可能会持续很长的时间；有的时候，一个困难甚至能够将企业拖向灭亡的境地。

但是，不论遇到什么困难时，企业管理者都应该做到与下属同舟共济。不论事态怎么发展，管理者都应该对企业负责、对员工负责。俗话说："众人拾柴火焰高。"企业的发展需要每一个员工的努力。而企业成败的一个重要因素，就在于管理者能否做到与员工同舟共济，在困难的时候不抛弃、不放弃。

老沃森在创办IBM公司的时候就立下了这样一个规矩：决不裁减一个员工。当然这并不包括违反公司制度的员工。这条充满温情的规矩，让员工们十分感动，并且工作积极性大增。他们以公司为家，为公司奉献出自己全部的精力。所以，IBM在短短的10年间发展成为世界知名大公司。

但是不幸的事很快发生了，1929年的全球性经济危机造成全球无数家工厂倒闭。就算是有些公司还咬牙坚持着，也都纷纷裁员。一时间，世界各大城市街头都挤满了失业的人群。不仅经济萧条，很多家庭甚至连煤油灯都用不起，哪还买得起其他的东西呢？因此，IBM的营业收入越来越少，公司已经无力养活几万名职员了。老沃森十分苦恼，到底是该与大家一起共生死，还是违背当初不裁员的诺言，来保证公司继续生存下去？

经过深思熟虑后，老沃森作出了一个令人十分震惊的决定，他宁愿陪着员工一起沦为失业工人，也不愿意在危难时刻抛下员工保全自己。老沃森坚信，困难只是暂时的，总会等到春暖花开的那一天。于是，他再次郑重宣布：决不裁减一个员工。

在这种非常时期，每个人都以为裁员是不可避免的。谁不担心自己沦为街头的失业工人？当他们听到老沃森的承诺以后，十分安心。他们非常相信老沃森高尚的人格，他决不会欺骗他们。

但是，工厂已经没有那么多活儿干，怎么给他们分配任务呢？老沃森想了想，卖不出的东西就留在公司仓库里，总有一天能卖出去的。同时，他还增加了销售员的数量，尽量向社会推销他们的产品，能卖出一件算一件。

一晃3年就过去了，IBM公司一直产多销少，积压商品日渐增多，流动资金在日渐枯竭。老沃森凭借自己多年积累的信誉，到处借钱，维持着生产。后来，老沃森几乎再也没有什么地方可以借到钱，但命运赐予了IBM生存的机会：政府部门急需一批计算机。为保证交货期，采购人员决定选择一家实力最强的厂商成交这笔生意。

正是靠着政府部门这笔生意，IBM熬过了最困难时期。在经济“寒冬”过去以后，很多新老公司都纷纷开业，因此对计算机的需求量急剧增加。顿时，IBM的积压产品倾刻间全成了抢手货。当同行们正在忙着准备生产时，老沃森已经将产品交到了客户手中。只因一招占先，IBM一举成为同类公司中的绝对领先者，垄断了60%以上的市场。

老沃森在危机中坚持不裁员，也为自己赢得了巨大声誉。企业家们纷纷将沃森视为楷模。正是因为在困难时与员工同舟共济，才让IBM有了更长远的发展。

留人心经

老沃森的成功之处，就在于困难时与员工同舟共济，没有抛弃他们，从而成就了IBM公司的辉煌。那么，在危机到来时，管理者应该如何做到让员工相信自己，与自己同舟共济、共同渡过难关呢？

——管理者与员工进行沟通

假如企业陷入了危机，管理者应该第一时间与员工进行沟通。在沟通的过程中，管理者应该表示，企业将会与员工一起渡过难关；坚信公司的未来是美好的。沟通应该达到以下目的：维持生产效率，保证利润，减少分心，留住人才。

其实，管理者可以调动员工跟自己一起达到目标，要让他们相信这样做与他们本身的利益相一致；在企业陷入危机时，让他们明白自己能够为企业做些什么。

——让员工休假但正常支付工资

最近两年，由于金融危机，很多企业价格成本倒挂，亏损严重，大量人员下岗，企业面临停产甚至倒闭的危险。此时，IBM的做法非常有借鉴意义。其实，在这种情况下，裁员并不是最好的选择。管理者应该结合企业实际拟订人员安排方案，并将企业的困境告诉员工，让员工体谅企业并提出可行意见。

企业可以采取这样的方法：停产几个月，保留技术骨干在岗完成技术改造；降薪；另一部分员工放假，发放基本生活补贴。如此一来，员工既不会流失，也不会将企业陷入不义的境地。

——降低员工的负面心理

当危机来临时，企业管理者的心理压力非常大；同时，员工也背负着十分沉重的心理压力。任何企业的发展都不可能一帆风顺。面对困境，信心、勇气和策略往往是决定成败的关键所在。作为企业的核心，管理者应该充满信心、方法得当地鼓励员工与企业共同面对困境，共同渡过难关。以此来降低员工的负面心理影响。

巧妙化解员工之间的冲突

不管企业内部组织结构如何完美，也不论管理者的领导才能有多么卓越，在组织中出现人际关系摩擦总是不可避免的。就好比长期生活在一个大家庭中的成员，虽然每个人都为了这个家庭努力奋斗，无私奉献，大家包容着彼此的差异，维系家庭的和谐稳定，但是兄弟之间难免会发生摩擦口角。

员工之间发生冲突是管理者最不愿意看到的事情。因为员工之间发生冲突不仅会影响当事人之间的情绪，还可能会影响到周围其他员工的情绪。一旦矛盾升级扩大化，就会导致员工工作积极性降低，甚至会影响到组织的稳定发展。因此，企业管理者一定要及时、巧妙地化解员工之间的冲突，这样才能使组织健康、稳定地发展。

很多管理者面对员工之间的矛盾都不知所措，或者是采取了各种化解方法但是效果不尽如人意。如今，化解员工之间的矛盾又有了新方法——让矛盾当事人合种一棵树。发明这种方法的就是南京中基装饰工程有限公司。

中基装饰工程有限公司在南京装饰行业口碑很好。公司从创业到取得如今的成就，与总经理石栋梁的管理是分不开的，尤其是他的细心与机智在管理过程中帮了他很大的忙。

刚开始时，他对员工之间的矛盾并不怎么在意，认为这是员工之间的私事，没必要插手。有一天，他安排两名员工去查看一个公司正在进行的工程，让他们看完之后回来汇报进展情况。等到他们回来时，石栋梁发现他们是一前一后单独向自己汇报工作的，并且，汇报的情况也不一致。这时候，石栋梁才发现了事情的严重性。当时自己安排这两位员工去做这项工作，就是希望他们能互相监督，互相配合。谁知道他们竟然因为平日里的矛盾，导致在工作上也不合作。

这可真是个棘手的问题。通过平日的观察，他发现这两位员工不仅互不说话，开会也不会坐在一起，而且刻意避让。鉴于这种情景，石栋梁找到其他员工了解了一些造成两人矛盾的原因，下决心要解决两人之间的矛盾。

在思考解决矛盾的方法时，石栋梁想起自己在植树节时陪同女儿参加植树的事。那是石栋梁第一次种树，种树的时候遇到了很多困难。后来，旁边有一家人非常热情，指导他和女儿将树种好了。在种树的过程中，既有分工又有合作，这个过程给石栋梁留下了非常深刻的印象。

俗话说："合作是最好的解药。"于是，石栋梁决定组织单位员工一起种树，并且故意将那两位员工安排在一起。刚开始两人互不说话，在种树的过程中，因为需要相互配合，两人开始有一句没一句的交谈。树种好的时候，两个人已经完全忘记了曾经发生的矛盾，非常开心地在一起谈论该给树取一个什么样的名字才好。

石栋梁认为，员工在户外的时候没有了上班工作时的压力，做任何事情都觉得十分轻松。如今，在中基装饰有限公司里，"走，我们一起去种树"成了员工之间的讲和语。大家觉得，这样说既不会难为情，还能放松双方的心情。

当员工之间出现摩擦时，作为管理者首先应该保持冷静。石栋梁就是在冷静、理智思考问题的基础上，利用种树的方法巧妙地化解了员工之间的矛盾。

留人心经

员工之间发生矛盾是很常见的事。管理者没有必要对员工之间的事"明察秋毫"，只要把握大体的情况即可。管理者只要掌握了以下几点处理员工矛盾的艺术，就能很好解决这一问题。

——不采取逃避的态度

在员工发生冲突时，作为管理者，最不应该有的就是逃避的态度。逃避不会解决任何问题，因为冲突不会自己消失。假如长时间任其自由发展，可能会引发冲突大规模升级，到那时问题就更难解决了。管理者作为团体的决策者，有责任保持自己管辖范围内和谐的氛围，这是上司不可推卸的责任。

——解决问题的态度要公正

管理者在解决员工之间的矛盾时，一定要秉着公正的态度来化解员工之间的矛盾，不能存有私心。比如，其中一个员工与自己比较亲近，就故意偏袒，有失公正。只有将自己摆在一个公正的位置上，才能有效化解冲突。

——暗中解决问题

通常情况下，员工们都比较好面子，不希望将自己不光彩的一面展现在同事面前。这时候，管理者就应该顾及员工的面子问题，暗中解决矛盾，保住员工的面子。这样才能够有效解决问题，不会让员工产生抵触情绪。

——解决问题时灵活、原则兼顾

大家一般都认为原则十分刻板。而灵活则要求管理者在化解矛盾时不要千篇一律，不能教条式地解决问题。有时候，必须按照原则处理员工问题，但是考虑到人情等各方面，管理者可能会给下属一个改过的机会，只要达到了教育的目的就行。但是，灵活解决问题，要求管理者一定要拿捏好尺度，一旦触及到底线，还是要按照原则公事公办。

用超强的责任心感化员工

一般来说，企业管理者身上一定要有一种气质，那就是感染力。管理者的感染力来自于管理者的个人魅力。感染力是管理者个人的内在素质的外在显露。当员工们认为管理者非常有人格魅力的时候，他们就可能对管理者的意见尽可能多地采纳。因此，换个角度来说，管理者具有感染力是一种情感管理艺术的升华。管理者对企业忠诚、乐于自我牺牲并且勇于承担额外工作，将会对员工产生积极的作用。

但在现实生活中，很多管理者对员工严格要求，而自己却很少以身作则。比如，经常在公司业务繁忙的时候，要求员工加班加点，而管理者自己先下班离开公司，等等。这些小细节往往会影响员工的情绪，比如，公司在运作一个重要的项目时，管理者也许需要一周花上65个小时以上的时间来工作。虽然是自我牺牲，但是管理者的这种责任心能够像一块巨大的磁石一样，将周围的员工紧紧吸引住。

1946年8月，刚刚研究生毕业的艾柯卡应聘进入福特当了一名见习工程师。他在福特工作的32年间，曾担任了8年总裁，创造过福特年赢利18亿美元的辉煌业绩。1978年7月13日，54岁的艾柯卡被福特解雇了。原因是他功高盖主，老板害怕大权旁落。

但艾柯卡没有就此消沉，他相信自己的实力。经过一番激烈的思想斗争，艾柯卡决定去克莱斯勒汽车公司担任总裁。

当时，克莱斯勒公司亏损高达1.6亿美元，几乎陷入绝境。艾柯卡选择克莱斯勒的原因有两个：首先他自己非常喜欢汽车行业；其次，他觉得自己从汽车行业跌倒，也应该在这里站起来。他认为一个人应该用热忱之心做自己想做的事，那样才会全力以赴。既要年薪高，也要有快乐。

1978年11月2日，艾柯卡以总裁身份跨进克莱斯勒汽车公司大门。这天，克莱斯勒汽车公司的股票在收盘时增长了37.5%，艾柯卡知道这是社会对他投的信任票。

艾柯卡来到克莱斯勒后发现，高层管理人员太多；员工士气低下；设备和厂房老化；资金没有得到有效利用并且资金缺少；生产过量、库存过剩。于是，他作出了精简冗员，重用人才；大量融资，减少支出；开发新产品，加强销售的决定。

艾柯卡先把公司的30多位副经理精简到2名，形成了一个高效的领导班子。然后再大量引进人才。因为公司财务账目乱成一团，他聘用了史蒂夫·米勒。半年不到，公司账目已理得清清楚楚，公司财务也由此走上了正轨。艾柯卡还聘用了哈尔·斯珀利奇，这位先生“能料知三四年后市场上最需要什么样的汽车”，是个奇才。克莱斯勒汽车公司设计部在哈尔·斯珀利奇的主持下，每年都推出新式车样，连福特汽车公司和通用汽车公司也自叹不如。

每周一，艾柯卡都要召集高层经营人员开会，研究解决经营中碰到的问题。还会请来本周生产优胜者亮相，祝贺他们出色的工作。这样不但缩小了管理层和员工的距离，还促进了职员之间的良性竞争。

当时，艾柯卡向联邦政府要求贷款15亿美元。很多议员反对贷款，他们认为克莱斯勒汽车公司已无法挽救，贷给他们的巨款一定会有去无回。但艾柯卡用一颗热忱之心四处奔走、八方游说，最终获得了议员们的支持，也获得了联邦政府的巨额贷款。

艾柯卡还注重节流。他下令削减高级职员10%的薪金，但最低几级薪金的员工一律不减；他在公司大庭广众面前宣布：“为了救活公司，我年薪只拿1美元，直到公司赢利。”几个工会负责人感动地说：“在福特公司、通用公司，工人削减工资，而头儿却一分不减。”公司上下，士气大振。艾柯卡还真只拿了1美元的年薪。

为了推销公司新品K型汽车，艾柯卜亲自上电视主演广告节目。他在电视摄影机前工作长达10个小时，但报酬只有一块三明治和一杯咖啡。1982年，美国举办全国新车评比大赛，K型车荣获名车奖。这一年，克莱斯勒汽车公司创造了100亿美元的销售纪录，利润达1.7亿美元。

这时，报上出现一幅漫画：福特汽车公司董事长亨利满头大汗地对女秘书说："赶快给我发一封信给艾柯卡先生，就说亲爱的你，请回来吧。让我们一切和好如初。"漫画下有两行小字："A. 克莱斯勒汽车公司利润高达1.7亿美元。B. 福特汽车公司去年亏损6.58亿美元。"艾柯卡把自己的热忱全部投入到振兴克莱斯勒汽车的事业里。他的年薪是100万美元，但他不在乎钱的多少，他这么做只是想通过这件事证明自己的能力。然而，在"克莱斯勒"最艰辛的时期，他主动将薪水降到1美元，以此来显示自己的热忱与决心。也正因为如此，他的员工们都被他的责任心所感动，跟随他一起奋斗，终于使克莱斯勒走出了困境。

艾柯卡用自己的行动及对克莱斯勒负责任的态度感动了身边的员工，大家齐心协力帮助克莱斯勒走出了困境。

留人心经

有的管理者工作尽心尽责，但很少影响到周围那些懒散的员工。那么，管理者到底该怎么做才能用自己的责任心感化身边的员工呢？

——直言不讳表达自己的感情

管理者与员工相处是需要技巧的，既不能太近，也不能太远；有时候要表达自己的感情，有时候又不能将自己的感情全部释放出来。在员工面前应该直言不讳表达自己的感情，比如："我很失望，我们又一次没有达到目的。"但恰当的时候表达自己的感情能取更很好的效果。值得注意的是，在表达失望的时候，最好只针对某件事而不是某一个人，否则会引起员工们的反感。

——在不寻常的场合让员工知道自己尽责

很多时候，管理者尽职尽责但却没有让员工体会到自己的良苦用心，真的是很无奈。毕竟，表现的时机不对是很难成为别人的楷模的。当尽职尽责表露与一个人通常的行为出现巨大的反差时，这时候的表露就显得特别有效。

比如，管理者平时的工作并不是太忙，但公司接到某个重要项目以后，打起十二分精神，工作时尽心尽力，就会让身边的员工深受感动。

——不要强硬要求员工与自己一致

在生活中经常会看到这样的现象：管理者因为工作忙碌，有时候在下班之前做不完手头的工作，因此没有按时下班，但是他们又喜欢让员工们都留下来加班。其实，如果不是特殊情况，最好不要强求员工跟着自己一起加班。加班是一件自愿的事，假如员工不是自愿留下来工作，即使将工作完成了，也只是草草了事。

帮助失败员工重树信心

每个人在工作的过程中都不可避免出现失误，即使是最优秀的人才。古语说得好："金无足赤，人无完人。"有的管理者在员工出现失误后，十分恼火，对员工进行责罚，甚至可能会将员工从公司开除。

其实，管理者这种做法对员工的心理伤害非常大。不仅犯错员工会抬不起头，连其他的员工心里都会留下阴影。因此，管理者面对员工的失误，不是对他们进行责备，而是帮助他们重树信心。要知道，信心对一个人才来说，是实现价值的根本。当一个员工遭遇失败时，管理者切忌将其进一步推向自卑的深渊。

埃克森美孚的总部设立在美国德克萨斯州的爱文市，它的前身是1882年洛克菲勒创立的标准石油公司。如今，美孚石油公司已经发展成为世界第二大石油企业，与BP（英国石油）、壳牌及Total同为全球四大原油公司。2006—2009年，埃克森美孚在全球财富排行榜中连续三年位居第一，并且在2008年前三季度连续刷新全球上市公司的赢利纪录。

埃克森美孚的成功不仅源自它百年来的艰苦努力，还来自于管理者对人才的重视。当员工失去信心时，管理者都会帮助员工重树信心。这个优良习俗源自其创始人——著名的石油大王洛克菲勒。

贝特福特是石油大王洛克菲勒的同事。有一次，贝特福特错误地以为在南美投资能够为公司赚回一大笔钱，虽然这个出发点是好的，但结果是他经营失败了。回到公司以后，贝特福特情绪特别低落，一直都不好意思见洛克菲勒。

一天下午，贝特福特情绪十分低落，于是他走到公司外面散步。刚走了不一会儿，他就发现洛克菲勒与波拉脱在自己后面不远处走着。按道理说，贝特福特应该停下来跟他们打个招呼，但由于在南美投资失败，贝特福特不想提出自己失败的详情。

就在贝特福特犹豫的时候，洛克菲勒叫住了他，贝特福特当时觉得很难为情。没想到洛克菲勒十分诚挚地拍了一下他的肩膀，并且对他说："我们刚刚听说你在南美的事情，你干得非常漂亮，朋友。"贝特福特以为洛克菲勒马上就要教训自己，要不就是他听到了一些误传的消息，还不如自己先坦白呢。于是，贝特福特说："真的很抱歉，那是一个很大的错误，我们只能想办法保住60%的投资，都是我当时判断的失误。"但洛克菲勒马上安慰贝特福特说："你能这样做已经是难能可贵的了。这还全靠你处事有方，才替我们保住了这么多投资。这样的结果，已经是我们意料之外了。"听了洛克菲勒的这句话，贝特福特的心情好了很多，也重新树立起了信心。后来，贝特福特一直留在公司，为公司贡献自己的才智。

洛克菲勒深知，赞扬是一种博取他人好感和维系好感的最有力的方法；它还能让人树立起自信，产生继续努力的动力。这也是洛克菲勒留住贝特福特这样人才的最佳方式。

留人心经

约翰·杜威曾经说过这样一句话："失败是具有教导性的。一个真正懂得思考的人，从失败与成功中学到的东西一样多。"因此，管理者在员工失败时一定要帮助他们重树信心。那么，究竟怎样做才能帮助员工重树信心呢？

——不断鼓舞员工士气

在员工遭遇挫折以后，管理者应该经常、反复地向员工们宣传自己的理解，也让他们理解组织的目标和意图。假如管理者鼓励有方，那么就能够激励起员工的热情、信心和忠诚。即使面前的困难再大，他们也会全心全意支持自己所信赖的管理者。因此，管理者在员工面临挫折以后，应该不断鼓励他，帮助他重树信心。对管理者本身而言，这样做也是受益的。

——切忌让员工丢脸

让员工丢脸是管理者的大忌。在员工失误以后，当着其他员工的面让员工丢脸的做法，不仅对事情没有任何帮助，反而会使对方觉得受辱，不能口服心服，甚至有可能怀恨在心。性格内向的员工可能会因此消沉下去，工作效率自然也会降低。

——有针对性地帮助员工树立信心

有的管理者在帮助员工树立信心的时候，由于不了解员工失败的真正原因，也没有顾及员工的心理，盲目地实施一些行动为员工树立信心，常常适得其反。假如管理者真正想帮助员工重新树立信心，就应该了解员工失败的原因以及他的真实感受，然后从语言及行动上有针对性地帮助他，这样才能达到预期目的。

经卷 10

Jingjuan

建立合理机制
预防人才流失

制订长远的人才战略规划

对任何企业管理者来说，企业的资源都是有限的。因此，管理者如果将资源平均分配在每个员工身上，是不会取得很好的效果的。在这种情况下，管理者应该辨识出企业里的核心人才，将企业有限的资源投放在最具价值的核心人才身上。这也是企业制定长远人才战略规划的基本前提，是预防人才流失的一种有效方式。

如今，很多人力资源专家都呼吁企业由“人力资源管理”向“人才资本管理”的方式转变。所有的管理者都知道，企业核心人才就是那些能够为企业创造出卓越绩效的员工。因此，企业不仅要定义出自己的核心人才，还应该制定出长远的人才战略规划。

人才流失对企业而言是一笔巨大的损失。企业核心人才跳槽的原因比较复杂，包括待遇、人际关系、发展前途、工作压力、个人创业等。正因如此，很多企业采取了待遇、事业、契约、情感、文化等各种留人措施。尽管也能起到一定的作用，但从根本上讲，企业要想聚拢人才、留住人才，最重要的就是要制定长远的人才战略规划。这一点对于成长中的民营企业尤为重要。只有保证了人才的稳定，才能保证企业的正常运转。

1999年8月8日，“小肥羊酒店”在内蒙古包头市昆区乌兰道22号开张。这家小店就是赫赫有名的“内蒙古小肥羊餐饮连锁有限公司”的前身。这个不起眼的小酒店，经过十多年的发展，已经成为一家拥有多个餐饮机构的企业。小肥羊拥有360家火锅连锁店，遍布了中国以及美国、日本、加拿大、印尼、阿联酋等国家和地区，成为一家国际性的大型餐饮连锁公司。如今，小肥羊公司拥有员工6万多人，带动30多万农牧民收入增加，相关就业人数24万。

小肥羊是如何从一个小酒店成长为中国企业百强冠军的呢？小肥羊刚成立的时候，董事长张钢拥有公司60%的股份，而副董事长占有40%的股份；在不断发展的过程中，两个人的股份占有逐渐减少；最后，两位创始人只占有公司股份的30%还不到。小肥羊刚刚开始发展的时候，也曾有一些优秀人才加盟到小肥羊，但因为种种原因，很多人又离开了。两位创始人为此感到十分苦恼，在经过商议后，决定制定一个长期的人才战略规划。如果有值得储备的人才，公司将按比例逐渐出让股份给新吸纳到的管理人员。

正是因为这个制度的实施，小肥羊的股东已经从最初的两个人，发展到现在的几十人。对此，创始人这样说道："我们拥有一支非常优秀的管理团队。小肥羊不是家族式企业，准确地说应该是企业式家族。在餐饮业没有人能够做到我们这一点。没有这些优秀人才，小肥羊不可能发展得这么快。"

所有小肥羊的股东都相信，感情加股份能造就出一支"铁哥们儿队伍"，团队才能够更加稳固。这也是小肥羊一直坚持的用人原则。正是这种有着长远规划的思想，让小肥羊站到了"放眼世界"的高度。

小肥羊的管理者深知，只有留住人才才是企业发展的根本之道。因此，长远的人才战略规划必不可少。

留人心经

很多管理者已经知道制定长远人才战略规划的重要性。因此，如何确定核心人才，就成为企业管理者的首要任务。下面向管理者们介绍几个核心员工的确定标准，以供参考。

——站在投入产出角度衡量员工绩效

很多管理者在认定企业的核心员工时，都会走进一个误区，那就是看其绩效的绝对值。这是不对的，而应该以投入产出的比例来衡量员工的绩效。

这里所指的投入，不仅包括企业付给员工的薪金，还包括该员工消耗的企业资源，以及他在创造绩效的过程中对企业未来发展的影响。简单举例，一家公司的某位区域经理，在很短的时间内就让自己辖区的业绩飞升，因此得到晋升。但他的继任者无论如何也没有办法再提升业绩，反而使业绩大幅下降。从表面上看，这位继任者跟前任差很多，但经过实质调查显示，前任所用的政策与公司的政策不符，他通过采取重奖大批发商和让下级渠道囤货的方式，实现了市场份额的大幅提升。这样看来，这位前任经理无论如何也不能算作核心人才。

——站在胜任力角度衡量员工的绩效

胜任力是一个使用比较频繁的词汇，它准确回答了“为什么在相同企业环境下，不同员工的绩效差异却很大”的问题。考核员工的绩效，还应该站在胜任力角度来看他创造高绩效的可能性与延续性。胜任力将人才的能力分为显性和隐性两种，显性为知识、技能等，隐性为态度、人格特质等。管理者只有综合考虑到这两个方面，才不会将偶然因素作为确定员工能力的标准。

——站在企业战略高度衡量员工的价值

一般来说，只要是有助于企业战略实施、具备企业战略实施关键能力的人才，就可以算作是核心人才。但很多企业管理者还是被一些问题困扰，他们会简单根据员工在企业所处的层级来确认本企业的核心人才。这样做极具片面性，企业的发展必须具有各种各样的人才。如果按照层级来确定核心人才的话，很容易造成人才的流失、浪费，甚至可能会因为误选核心人才而导致企业的战略方向改变。因此，选择核心人才不是一劳永逸的事情。在选择人才的同时，还应该建立相应的人才退出机制，以保证企业资源的支出和人才结构的合理。

建立人才流失预警机制

在中国人的思想中，居安思危、防患于未然是智者避免灾祸的良方。在西方，著名的海恩法则中也说，任何不安全的事故都是可以预防的。因此，在防止人才流失方面，管理者也可以做到有效预防，那就是建立一种合理的人才流失预警机制。

有时候，企业核心人才流失是一种必然，因为企业建立的利益分享机制等是不可能完全杜绝人才流动发生的。因此，在建立各种留人机制的同时，企业也应该建立相应的人才流失预警机制。

通常情况下，企业人才流失预警机制包括两个方面：第一，管理者应该在自己与核心员工之间建立起畅通无阻的沟通渠道，在核心人才流失之前就提前发觉诱因并加以解决。第二，管理者应该建立起企业内部的知识与资源共享体系，让核心员工潜藏着的知识以及其独占的资源变成企业的共享资源。这样可以在一定程度上降低企业对某些核心人才的依赖。企业只有建立起合理的人才流失预警机制，才能够保障企业未来的健康发展。

很多企业管理者对IBM的选人、用人、育人、留人之道颇为向往。的确，IBM的成功与其选择人才、使用人才、培养人才以及留住人才是息息相关的。但IBM的人才流失预警机制，也是IBM保证企业不缺人才的重要方式。

IBM有一项著名的人才流失预警机制，广受中国企业的推崇，这项机制就是“IBM的长板凳计划”。“长板凳计划”不仅重视人才的培养，还处处显示出对人才储备的重视。比如，假如一名员工处在中高层的位置，那么考察他工作绩效的一个重要原则，就是他培养了多少“徒弟”。基本上，每个中高层主管都要负责培养七八个“徒弟”，每个关键岗位都准备了三个替补人员。这也是IBM防止人才流失的一个重要方式。

不仅如此，IBM的人才流失预警机制的系统性非常高。IBM管理者深知，人才的储备与替补，不是一个单一的任务，它需要公司许多方面共同努力才能取得良好的效果。例如，公司经常实施的论调制度、生涯规划、良师益友、人才测评以及360考核等。IBM将这些系统都建立起来，并将它们有机整合在一起。

当然，IBM的这些举措并不是立竿见影的，而是需要长时间的积累才能达到预防人才流失的目的。

IBM之所以成为世界上最优秀的企业之一，就是因为它聚集了大批优秀人才。对IBM而言，预防人才流失的最好办法就是建立起人才流失预警机制。

留人心经

IBM的精神与思路值得其他企业学习，但对于中国现阶段的企业而言，照搬照抄是不可能取得相应成果的。因此，中国企业管理者应该建立起适合自己的人才流失预警机制。那么，管理者究竟应该怎么做呢？

——确立人才流失机制的核心原则

IBM是世界上最优秀的企业之一，因此能够给予员工极具竞争力的薪酬，能为员工设计职业规划等，这些都是中国企业所不具备的。因此，中国的企业管理者们要想构建合理的人才流失预警机制，就应该确立起人才流失机制的核心原则。那就是聚焦核心人才及其所在的岗位；并在政策等各方面给予人才一定的倾斜；结合企业当前的发展状态，逐渐完善该体系，为企业的长远发展提供足够的人力资源。

——建立及时沟通机制

人才流失的原因多种多样，因此管理者应该建立起与员工的及时沟通机制。这样能够帮助管理者及时与有流失倾向的员工进行沟通，并且采取有效措施化解矛盾，将员工的流失意向消灭在萌芽状态。比如，定期的会谈、定期或不定期的对话以及核心员工的信息反馈、走动管理等都是很好的方式。

——授权与控制应平衡

这一点是针对公司的大客户销售人员以及研发人员而言的。在开发大客户或者研发的过程中，管理者应该充分授予其专业价值。但在其开发过程中以及获得成果时，管理者应该通过相应的制度来控制以及进行持续的维护，防止人才流失的同时致使资源流失。

——建立核心人才接班机制

假如企业的核心人才流失了，公司能有合格的“新人”迅速补充上来，这样就能极大降低企业的损失。因此，建立接班人才培养机制是很有必要的。但管理者应该注意，培养接班人才的方式要根据企业的现实情况来确定。不论什么样的培养体系，符合企业发展战略、选对核心人才才是最重要的。

——培养接班人才要有耐心

管理者应该知道，培养核心人才接班人这项工作是不可能在短时间内就能完成的。因此，企业管理者需要更关注接班人胜任力的提升和对企业长远的贡献。在绩效考核上也要更注重过程与行为的表现，不应该急于求成，更不能急功近利。如果管理者给予员工太大的压力，往往会导致接班人的流失，接班人机制也就成为空谈。

预防人才流失从招聘开始

21世纪是知识创新和科技创新的世纪。知识经济依托的是人才，激烈的人才大战正在全球范围内展开。人才作为经济发展的基本要素，是当今世界经济和社会发展最宝贵的资源，也是第一资源。企业间相互“挖人”的活动日益频繁，由此而产生的人才“跳槽”问题愈演愈烈，给企业造成的负面影响越来越大。因此留住人才，防止人才流失，是每一个企业都面临的一个重大问题。

清华同方在防止人才流失上的做法是，在应聘者进入企业时就根据其个性特点、岗位性质，为其量身设计职业生涯计划。根据节约成本、相关利益的原则，在选聘人员时为不同岗位的人员制定不同职业生涯计划的策略。

首先要弄清楚员工的兴趣所在，因为不是所有人都挤在同一条道路上。“并非是每个士兵都想当将军”，也不是任何人都想当总经理。对一般岗位的员工，结合其意愿向其告知职业生涯的方向、在企业今后的大致发展方向，而不需要花太多的精力。而对一些关键性岗位（如财务经理、市场开发部经理等），则应为其量身定制职业生涯计划。可以在应聘时进行交谈，了解他们的价值观、兴趣爱好、职业意向，结合企业的情况为他们设计职业生涯提供依据。

当然，这只能是大体上、方向上的，而不是细节上的设计。企业应向应聘者明确职业生涯设计的原则，用公平的尺子，依据员工对企业的贡献具体进行。如果在应聘者进入企业时，就让他有了职业生涯的概念，让他对未来有一份憧憬，他可以尽早斟酌是留下还是放弃。如果他选择留下来，就会为企业的发展和自己的发展坚定地努力，而不仅仅是“既来之，则安之”的心理。他会尽力实现个人与企业的最佳组合，充分发挥个人的才智，实现自己的价值观和理想。这也就是清华同方常提到的理想承诺，并能据此保持着很低的人才流失率。

总之，清华同方在企业人才的职业生涯中设定了一个很清楚的目标。若与企业的方向和目标一致，人才就会一直跟随企业走下去；如果不一致，则及早提出个人意愿，企业也减少了人才培养上的成本浪费。这是防止人才流失的重要砝码，更是对企业和人才本身负责的表现。

留人心经

人才流失最终都会归结为一个关键问题，即雇用和保留最宝贵的人才，同人才流失和更换相比，哪一种成本更高？近年来，世界上越来越多的公司认为，最宝贵人才的流失比更换的成本更高。因为他们知道雇员流失，可能导致客户随之流失、核心技术流失以及培训费用的流失等。因此，择好人、用好人，仍然是公司的不二法则。按照国内外管理专家多年的实践经验表明，要想留住人才应从选人招聘开始。

——实行竞聘上岗

一个人到一个企业工作，由于个人的价值取向不同、人生观不同，因此每个员工需求的侧重点不同。但是不论员工的需求处于哪种马斯洛需求层次，企业需要做的工作重点之一就是留人从选人招聘开始。公司应根据发展的需要，为全面、高效、优质地执行公司发展战略，提高公司整体效益，引入竞争机制，面向社会公开招聘，实行竞聘上岗。首先要保证各岗位配备合适的人员，体现任人唯贤、德才兼备的用人理念；其次要保证公司的团队精神始终有活力，促使业绩突出、有能力的优秀人才脱颖而出；最后要严把人才的入口关，真正做到选人从招聘开始。从员工进入公司的那一天起，就开始严格把关，消除员工流失的隐患。

——对应聘者进行全面了解

从招聘到正式聘用，要严格把好入口关，凡是有不稳定因素的员工要严格筛选。在最终录取聘用人才的时候，公司管理者必须了解应聘者的工作经验、工作热忱程度和兴趣；了解应聘者的社会背景；了解应聘者岗位与本人能力是否相符；了解应聘者受教育程度和社会经验；了解应聘者想加入本企业的目的；了解应聘者的家庭情况和个人爱好；了解应聘者的职业发展方向；了解应聘者的基本素质等。如果说应聘者超过招聘岗位的条件，则他很可能是把这份工作当做避风港，一旦有合适的工作就会离职。如果说学历和经验是工作上的必要条件，那么工作热忱和兴趣就是充分条件。有了必要条件，无充分条件的配合，也是人才难留。

留才的关键在于“稳才”

对任何一个企业来说，优秀员工辞职都是公司一笔不可挽回的损失。很多企业管理者以为，自己的竞争对手和猎头公司还没有打算要挖自己的墙角，就可以对这件事抱着无所谓的态度。《无借口管理》的作者罗杰斯在书中写了这样一句话：“任何公司都免不了竞争者袭击，高素质员工总是会有工作机会找上门来。”深刻说明了现实情况的残酷性，企业与企业之间的人才竞争相当激烈。

其实，留住人才的关键在于稳住人才。企业凭借着公平对待员工、奖励员工的出色表现、为员工提供良好的环境、为员工创造升职的机会等措施留住公司最有价值的员工。执行这些措施虽然是一件很艰苦的长期工作，但这也是留住人才的关键所在。

任何企业管理者都明白，如果想要得到高素质的人才，并让他们安心留下来为企业所用，就应该为人才提供有竞争力的薪酬以及良好的人文及物质环境。假如一个企业为员工提供了过低的薪酬，就一定会让企业在人才争夺战中处于不利地位，让人才从企业流失。如今，很多企业员工跳槽都是因为在其他企业高薪诱惑下跳槽。

壳牌集团作为全球十大公司之一，很早就认识到了这一点。因此，壳牌集团为员工们提供了非常有竞争力的薪酬。比如，壳牌为员工提供了非常有吸引力的储蓄投资计划。壳牌规定，任何员工在壳牌工作3年后，都可以把薪酬总额的2.5%储存在公司的储蓄基金内，公司照数补贴同等金额，员工存一块钱，公司就贴一块钱存进去；服务5年后，储蓄比率提高为5%；服务7年半后，比率提高为10%。假设一个员工在壳牌做了8年，年薪所得为35000美元，员工可以储蓄3500美元，公司补贴给员工3500美元。那么，年复一年，可以想象员工将获利多少。

虽然标准是这样，但是具体的薪酬制度是由员工所在公司当地的条件来决定的。一般都要符合当地的法律及风俗习惯等，员工的意愿也非常重要。但不论员工身处何地，有一点是相同的，那就是当员工完成任务并为公司作出贡献后，会得到大量物质奖励。

壳牌不仅给员工很丰厚的物质奖励，同时还为员工提供了诱人的福利计划，以及良好的工作环境。公司为员工提供了对等储蓄基金，还负担这部分税费，当员工离开公司需要领取这笔储蓄时，不必负担公司提供部分信托基金的所得税。假如员工完全不储蓄，公司仍然提供对等基金给员工。换句话说，如果你服务了8年，年薪35000美元，即使员工不储蓄，公司一样付给员工3500美元。

当对等基金存进储蓄基金后，员工可以选择购买公司的股票、存入摩根银行管理的权利基金或者存入固定利率的储蓄账户。一般来说，大多数人都选择储存基金、购买壳牌石油公司股票。除了上述计划外，公司还为员工准备了退休金计划，所有费用由公司负担。简单地说就是，当员工离开公司时，能够得到很多退休金。因此，很多员工都会想，自己要是干到退休，就能够得到更多薪酬，为什么不干到退休呢？

可见，壳牌集团在提高员工薪金，以及给员工最好的福利上下工夫，符合员工最基本的要求。很多员工都会从实际利益出发考虑，既然公司可以满足自己的需求，何必还要“朝三暮四”呢？踏实工作，员工就会得到自己想要的了，而与此同时，壳牌也得到了公司想要的。

壳牌公司深知留住人才的关键在于稳住人才。只有将人才的心稳住在企业，才能使人才心甘情愿留在企业为企业效劳，从而为企业创造出更大的利润。

留人心经

通常情况下，企业为了防止员工跳槽，通常只能做到给员工提供一些有形的待遇，比如，薪金、保险以及津贴等；或者是一些无形的待遇，例如，晋升机会、职业形象以及权责范围等。这是企业与竞争对手抗衡的重要方式。但除了这些方法以外，还有一些更好的方法。以下是几点可行的建议，供读者参考。

——让员工了解自己的“市场价值”

管理者可以让每个有能力的员工了解一下他在专业市场中的“身价”，比如，看看其他企业招聘同类人才的要求及待遇等；让员工了解到自己在企业里所发挥的绩效到底是偏高还是偏低。这样员工才会心里踏实留下来继续工作。

——调查本企业的待遇是否低于同行

优秀的员工是每个企业都想拥有的，但员工的去留问题由很多因素来决定。管理者可以详细地分析每个人才的工作表现等，与同行业其他企业对类似人才待遇进行比较。只有这样，企业才知道自己给予员工的待遇是否公正或者优越。

——针对调查到的情况进行调整

经过以上的分析与检讨，管理者可以拿出一些具体的行动，比如，调整员工待遇、将工作内容重新进行划分、健全企业管理体制。这样才能改变企业的现状。虽然从表面看上去，这种做法会让人觉得是自己自暴家丑，自己揭自己的短；认为任何一个有理性的人都不会煽动自己的人才背叛自己，投靠别人。但实际上，在资讯异常发达的今天，有能力的优秀员工早就成为每个企业竞相争抢的对象了。所以，企业管理者与其遮遮掩掩，还不如表示自己开朗明确的态度，坦然接受人才市场的挑战。

挽留你的“左膀右臂”

管理者往往对一两位下属特别钟爱。如果有一天你手下的“左膀右臂”走进你的办公室，一坐下便开口说：“我决定辞职。”先别激动，别认为他背叛了你。一位人力资源领导认为：“作为一名管理者，在平日就应时常与下属沟通，了解他们的事业目标。”上司与下属的合作并不是婚姻关系。如果钟爱下属的决定让你感到惊讶，这表示你得对他的辞职负一部分责任。此时你的第一反应就是想方设法要留住他。

2007年，小冯从一所专科院校毕业后进入一家新成立的广告公司任职。由于他扎实肯干，很快就成为了公司的业务骨干，并于2008年年底升为公司策划部经理。尽管如此，冯经理对现有的薪水仍不满足。于是，冯经理向老板提出了加薪的要求。

老板回答说：“我对你的要求表示理解，也一定会慎重考虑的。”可一个月过去了，依然未见老板有相应的举动。这时有朋友劝他：“你这么能干，不如辞职另谋高就。”冯经理下定辞职的决心，向老总呈交了辞职申请。

老总接到辞职申请后，笑着对他说：“小冯，既然你要走，我也不强求。不过，我想请你在走之前，替我找一位接任者，整个招聘工作都由你来负责。”冯经理不假思索地答应了。

在接下来的两个星期中，冯经理先在报纸和网站上刊登了招聘广告，然后亲自筛选应聘资料，再面试招人。而就在招聘的过程中，冯经理受到了极大的刺激：策划部经理的岗位，竟然吸引了众多工作经验丰富的本科生，甚至有硕士研究生前来应聘，而且他们对待遇的期望值也非常保守。问及原因时，他们很自然地说："对于这个职位来说，这就是正常的市场行情啊！"

经历此事后的冯经理渐渐意识到自己资历不深、学历不高，凭什么提额外要求呢？还是踏踏实实地把自己的本职工作做好吧！经过慎重考虑后，他在向老总汇报招聘结果时，满怀歉意地说："老总，我觉得自己还是比较适合这个岗位，我还是收回辞职报告吧！"老总欣然应允。

临走时，老总鼓励他说："公司成立不久，现在仍处于创业时期，一时还难以给大家涨工资。等情况好转，公司一定不会亏待大家的。"听罢此言，冯经理连连点头。

2009年，这家公司进入快速发展期，经济效益相当可观，所有员工的薪水都翻了一番。由于工作努力、业绩突出，冯经理也由策划部经理升迁为公司副总经理。

实际上，这家公司的老总是个惜才爱才的"伯乐"。面对得力干将的辞职请求，他没有意气用事，而是导演了一场"醉翁之意不在酒"的好戏，巧妙地挽留了一位优秀人才。

留人心经

企业管理者经常遇到这样的情况，由于种种原因，某些核心员工或技术骨干打算跳槽。这些曾经的"左膀右臂"一旦加盟其他企业，将是一种巨大损失。这时，作为一名优秀管理者，可以采取以下两种办法进行挽留。

——考虑加薪

面对想要离去的下属，首先要冷静下来，心平气和地与他交换想法，试着找出他辞职的原因。如果对方是为了多赚钱而他又是个不可多得的人才的话，可以考虑加薪。不过，这种方式的加薪有一定负面影响，这等于摆明了告诉其他员工：如果想加薪，就告诉领导"有家公司愿意出更高的薪水雇用我"。这样一来，公司既有的人事管理及评估制度都将遭到破坏。

——说明公司未来的发展潜力

调查研究表明，薪水的高低并不是决定员工跳槽的主要因素。许多人更重视升迁机会及公司的发展。这时候，部门主管或经理在挽留急欲离去的“左膀右臂”时，可恰当地说明公司未来的发展潜力，并客观理性地为他描绘出升迁的前景。

树立科学的人才观

到底什么样的人才才是企业需要的人才？到底该用什么样的人才？到底什么样的人才值得公司花大的代价去挽留？这些都是常常困扰企业管理者的问题。随着企业不断发展壮大，企业需要的人才也趋向多样化，而不仅仅局限于传统的人才观了。

因此，树立科学的人才观很有必要。人才是一个企业的生命，假如人才观跟不上时代的步伐，那么在用人方面，企业也就落后于市场的要求了。这就要求管理者做到“以员工为中心”，改变过去管理者高高在上的姿态，平等、友善地对待自己的员工。

1865 年，工程师弗莱德里克·艾德斯坦在芬兰北部的“诺基亚河”沿岸建立了一家木浆工厂，并将这家工厂取名为“诺基亚”。伴随着工业化浪潮在欧洲兴起，诺基亚的路越走越宽。20 世纪 90 年代，诺基亚开始涉及移动通信业务，并将这项业务定为公司的发展核心。如今，诺基亚已经成为全球移动通信的领先者，推动着更广阔的移动性行业持续发展。

人才是诺基亚的生命，诺基亚的发展也离不开这些人才。诺基亚始终坚持以人为本，非常重视人才对企业的发展所起的作用。它不仅有着独特的人才观，并且还出台了一套自己的用人机制。每年，诺基亚在年末以及下一年年初会根据公司的业务发展以及结构调整情况，由业务部门共同制订人才选拔计划。而且，在最终作出人才选拔决定时，起决定作用的并不一定是被选拔者的专业水准，而是看他是否拥有与诺基亚相同或者相近的价值观。

诺基亚还引进了全球先进的测评手段来提高招聘的质量和成功率。公司也开发了多种评估工具来对员工的表现进行评估，选择出适合公司发展的人才作为重点培养对象。诺基亚也非常注重员工在公司工作生活的感受，鼓励员工之间进行开放式沟通。对公司内部不同的组织机构以及各个职能部门管理信息的下达、公司业绩以及战略的分享等，都是诺基亚非常重视并且认真执行的。

进入中国以后，诺基亚将中国作为其全球人才的培养基地，为世界各地提供全面的高级人才支持。为此，诺基亚实施了一系列本地人才培养计划以及接班人计划，为每一位外籍专业从业人员所在的岗位选择并培养本地接班人。据统计，从2000年开始，诺基亚公司的岗位已基本被本地员工代替，外籍员工的数量已减少到25%。同时，还有很多中国员工到诺基亚其他国家公司工作，为诺基亚业务在全球发展作出了重要贡献。

诺基亚有着严密的构想，还有科学而又独特的人才观，因此造就了诺基亚的百年辉煌业绩。

留人心经

不论是一个国家还是一个企业，要想长盛不衰，人才都是关键。《晏子·春秋》中有这样一句话："国有三不祥，夫有贤而不知，一不祥；知而不用，二不祥；用而不当，三不祥。"因此，管理者树立起科学的人才观很重要，树立科学的人才观又应该注意些什么呢？

——善于发现人才

作为管理者，善于发现人才很重要。如果管理者想要找到合适的人才，就要抱着求贤若渴的心态，睁大眼睛发现周围的可用之才。不仅如此，管理者还应该充分发扬民主，依靠群体智慧来弥补个人知识、经验的不足，把真正的"千里马"挑出来。

——大胆起用人才

俗话说得好："千军易得，一将难求。"管理者在发现人才后，就应该果断起用，管理者应该心胸要宽阔，不要怕别人超过自己，危及自己的地位、威望和面子。事实上，员工不努力，没有取得成功，管理者的事业也不会取得成功。员工取得成功不但不会危及管理者的地位，反而说明管理者用人有方。

——正确使用人才

管理者的用人成功表现在不用则已，一用就要一鸣惊人。管理者应该了解自己的员工，并且激励他们在工作中充分发挥积极性，同时应该委以重任。对员工最大的尊重，就在于发现和发挥他们的才能，让他们凸现自己的能力，证明自己是强者。另外，管理者用人还应该注意用人之长。小才小用，大才大用，都不是理想的用人准则；适才专用，事人相宜才是“善任”的重要原则。

——善待现有人才

有很多企业管理者费劲心机引进了大批人才，却在人才进入企业后，将他们闲置起来，造成了人才的浪费。因此，管理者应该做到人尽其才，让每个人在自己的岗位上都有事可做，有责任可以承担。不仅要在条件允许的情况下给予员工一定的物质激励，同时还应该加以精神奖励，让员工感觉在企业“如鱼得水”，哪里也不想去。

末位淘汰制度

在自然界，羊群在各种凶猛的天敌中生存，但是并没有灭绝。原因只有一个，那就是丝毫不敢懈怠，稍有懈怠就可能丧命，并且那些天生缺乏锻炼的羊就会在自然选择中结束生命。因此，羊群逐渐演化成群体生活，并锻炼出疾奔如飞的能力，种族才得以延续。所以，很多时候，需要外在的力量来帮助制约内在的惰性。

通用公司前 CEO 杰克·韦尔奇曾提出过一个“末位淘汰”法则，表达的含义是通过竞争淘汰来发挥人的极限能力。从人的本性角度来看，人与生俱来有一种惰性，只要有机会，惰性就会破土而出，而且很多时候，自律都难以达到控制的目的。因此，末位淘汰制度是一项必要的措施。

目前，在我国已经有 32% 的企业实行了末位淘汰制，有 40% 左右的被调查企业正准备实施该法则。因为，在我国很多企业，进行绩效考核尤其是对行为进行打分时，老好人思想十分普遍，这样很不容易找出不称职的人。如果使用末位淘汰制度的话，就能有效控制这一点。不仅如此，末位淘汰制度还是一项强势管理，能够激发员工的危机意识，提高员工的工作积极性。

通用公司前总裁杰克·韦尔奇曾经说过：“在制造行业，我们尽力体现出自己的差别；但是对每个人来说，差别就是一切。”他深知不同的人有不同的特长和优势，假如不区分开来，就容易把优秀的人当做普通员工来对待了，会打击员工工作的积极性，同时企业也会缺乏努力向上的内部竞争气氛。多年以来，他都要求每一家通用公司为他们的员工进行分类排序。他的基本构想就是强迫每个分公司的领导对他们的员工进行区分。区分出在组织中哪些人是属于最好的20%，哪些人是处于中游的70%，哪些是最差的10%。比如，主管团队有20个人的话，那么就必须知道20%最好的四个和10%最差的两个人都是谁，包括他们的姓名、职位和薪金待遇。通常情况下，表现最差的两个人必须走人。这种评判方式被称为“活力曲线”。

一般，杰克·韦尔奇会要求经理人员将普通员工按照“活力曲线”的要求分为三类——A类、B类、C类。A类是所有员工中最优秀的，在他们的身上都有着这样一些特点：满怀激情、敢于担当、思想开阔以及富有远见。他们不仅自己充满活力，还能带动自己周围的人；他们不仅能够让生产效率大幅提高，并且使工作更充满情趣。B类员工是公司的主体，同时也决定着经营的成败。通用公司投入了大量的精力来提高这部分员工的水平，希望他们每天都能够思考一下自己为什么没有成为A类员工。经理的工作就是将他们带入A类。C类员工指的是那些不能胜任自己工作的人，管理者并不会在他们身上浪费时间，所以要花一定的资源将他们安置到别的岗位上去。

韦尔奇认为，失去A类员工是公司的一大损失，一定要热爱他们、关心他们，拥有A类员工也是一种管理的业绩，确认和奖励中间的70%也不太麻烦，但是彻底处理10%却是个难题。开始的几年都不是问题，但是随着最差的员工的离去，很多经理就不愿意把其余的人放到C类，因为他们已经喜欢上了这个团队的每一个人，于是他们会想出各种方法敷衍上级，比如将已经退休的员工名单放进来之类的。他们认为，把10%去除是件很残暴、野蛮的事。但韦尔奇并不这么认为，他认为让一个员工在一个他不能成长的环境里生存才是真正的野蛮。先让一个人等着，什么也不说，等到最后出了事，再对别人说：“你不行了，你被解雇了。”而这时，这个人已经错失了很多选择工作的机会；刚好还要供养上学的孩子；支付高额的住房按揭贷款。这才是真正的残酷。

韦尔奇的淘汰制度，不仅让他成为管理者们崇敬的管理大师，通用公司也因为实施了末位淘汰制度而取得了辉煌的成就。

留人心经

虽然实施淘汰制度是很有必要的，但是如果使用不当可能会造成一些麻烦。因此，管理者在实施淘汰制度的时候，应该注意以下几个问题：

——立足于企业实际情况

如果企业的人事浮动很大；而且出现了人员过剩的情况；再加上管理秩序混乱，这时候，管理者就有必要实施淘汰制度。如果企业的现代化管理得很好；人员精炼、素质较高；具有活力和创造力，这种情况下硬性推广淘汰制度是不合适的。因为被淘汰的员工可能比同行业的优秀员工还具有竞争力。淘汰掉员工对企业是一种损失，企业也会因一时职位空缺而招不到合适的人才。所以，企业推行淘汰制度一定要参考企业的实际情况。

——以有效的绩效考核为基础

淘汰制度必须建立在有效甄别员工的绩效基础之上。必须要将员工的业绩排一个顺序，鉴定出最末位的员工，就能将员工淘汰出组织或者调整到别的工作岗位上。由此看来，如果没有有效的绩效考核，末位淘汰也只能是空谈。因此，对待不同的岗位究竟应该采取哪种方法、哪种指标都成为首先要考虑的问题。

——实施范围可大可小

其实，淘汰制度不一定要在整个公司内部实行，可以选择一个部门或者几个部门进行。淘汰制度有利也有弊，所以管理者在实施淘汰前要权衡利弊，企业内部各个部门的人员素质有一定的差别，管理者要根据各个部门的实际情况来实施淘汰。通常情况下，淘汰适合在对正常业绩影响不大的部门进行，如果在研发部门，风险就比较大了。

——培育良好的绩效文化

管理者要在企业内部培养良好的绩效文化，这样有利于淘汰制度的实施。因为淘汰制度竞争惨烈，会给员工的心理造成巨大的冲击。比如，通用公司的末位淘汰取得了良好的效果，那是因为他们花了近10年的时间建立起了良好的绩效文化，尽管这样，冲突还是时有发生。但是通用公司的文化，有效地弥补了这一点。如果没有良好的绩效文化，那么推行末位淘汰制只能给人留下“胡萝卜加大棒”的管理效果。

——使刚性的末位淘汰变得柔性

现实中，企业每个部门的能力都是不一样的。这时候管理者如果实施统一的淘汰标准，很容易形成“鞭打快牛”的效果。所以，管理者应该将员工的绩效与整体的绩效挂钩，避免“一刀切”。比如，在部门人数确定的情况下，管理者可以根据部门的整体绩效来评定等级，不同的等级给予不同的标准，然后再详细地推行末位淘汰制。

——明细合同条款

企业管理者一定要明细合同条款，避免触犯法律。我国现行《劳动法》第二十三条明确规定：“劳动合同期满或者当事人约定的劳动合同终止条件的出现，劳动合同即将终止。”如果企业想避免卷入劳动合同纷争中，最好还是能做到依法办事。管理者在实施末位淘汰法则时，就一定要将具体的内容写进合同条款中，约定在先，那么以后操作时会顺利得多。

永远为离开的人才敞开大门

离职以后还想回来的员工，到底要还是不要？对于这个问题，每个管理者都有自己的想法。虽然俗话常说“好马不吃回头草”，但是离职的员工选择回来，说明企业还是有吸引员工的地方。如果再次融入企业，员工必然会珍惜得到的机会而努力工作。但有的企业管理者不能接受已经离职的员工再回来。

新的观点却认为，只要不是因为道德败坏、违法乱纪而离开企业的员工，他们想要再回到企业，管理者应该真诚接纳他们并且让他们在新的时期、新的岗位上发挥自己的价值。从另一个的角度来看，这些曾经在企业就职过的员工，不论是在工作流程和熟练度上，还是在对企业文化环境的适应、接纳程度上，都要比新员工需要的培训时间少很多。企业为什么不能接受他们的回归呢？因此，企业应该永远为离开的人敞开大门。

联邦快递是全球最具规模的快递运输公司，其主要业务是为全球范围内235个国家和地区的顾客和企业，提供运输、电子商务和商业运作等一系列的服务；年收入高达320亿美元；并多次被评为全球最受尊敬和最可信赖的雇主。

陈嘉良是联邦快递的第一位华人总经理，他由一名普通的销售员，在很短的时间内就晋升成为亚太地区的销售总监，可谓一帆风顺、前途无量。但就在他事业日趋巅峰的时候，他却做出了一个让所有人都很震惊的举动：他向公司递交了辞呈，选择离开联邦加盟了英国物流公司英之杰。

在英之杰工作了几年之后，他又选择回到了联邦快递。联邦快递很快就接纳了他，但是他必须再次从普通员工做起。陈嘉良接受了这个现实，并且工作十分努力。由于他的业绩表现突出，他很快就再次被提拔了。这一次，他被提拔为中国区总经理。

当有人很不解地问他当初为什么要离开联邦快递时，陈嘉良只说了一句话："离开，是为了更好地回来。"原来，陈嘉良当时在自己的职位上已经算得上是能胜任了，他做销售已经很多年了，该掌握的事情都已经掌握得差不多了。不论是从个人职业发展角度看，还是从公司发展角度看，他都需要一个机会来实践自己的综合能力。刚好碰到了英之杰公司邀请他加盟，于是他选择了跳槽。

对企业来说，企业本身也是个矛盾体。一方面企业希望员工的忠诚度很高，但同时又希望企业能够注入新鲜的血液，促进企业的发展。但不论怎么说，人才的回归都反映了企业与人才之间对于人才价值双向选择的成熟心态。因为前雇员比新人对企业文化、公司业务更加熟悉，很大程度上提高了双方的效率；而且，前雇员还能够给企业带来一些新的经验，日后，他们的忠诚度可能比没有跳槽的更高。

联邦快递选择起用曾经"出走"过的陈嘉良并不是稀奇的事，许多国际知名的大公司都欢迎离开的员工再回来。摩托罗拉公司就有一项明确的规定，如果员工在离开公司的90天之内重新回来，其年薪将跳过这一段时间，连续计算。

陈嘉良也表示，回来后曾面对很大的压力，但是他没有让压力束缚住他的手脚，而是将压力转化为动力，放开手脚大干了一场。

宽容，是一个企业吸引员工的最大法宝。试想一下，对一个曾经选择离开的人企业都能如此大度，员工们又有什么理由不被感动而忠诚地服务于公司呢？

留人心经

虽然说，人才回归是件好事，但决不是重新回到队伍这么简单的事。假如很多细节处理不当，反而会更糟糕。因此，管理者在接纳回归的员工时，一定要注意以下几点：

——以新的眼光看待回归员工

也许管理者对回归员工的过去十分了解，甚至连他吃几碗饭都知道，但是千万不要以旧眼光看待回归员工，也不要将对他的印象停留在过去。因为，这些员工离开过公司一段时间，在他的身上发生的很多事情管理者是看不见的，只有在日后的相处中逐渐熟悉了解。管理者应该以新的眼光来看待回归员工，甚至可以将他当一个新人来看，不要让他觉得压力很大。

——公平、公正对待回归员工

虽然回归人才的工作经验丰富，回到自己熟悉的环境和岗位，能很快进入最佳工作状态。但回归人才一般比较敏感，可能会因为一些小事想得很多。因此，管理者应该做到公平、公正对待他们。不必因为这些人是公司急需的就给他们特别的待遇，他们的待遇应该和其他同级别的员工一样。

——与其进行一次深入交谈

更深层次的交流有利于管理者了解回归员工当时辞职的心态和回来的心态，也有利于员工了解企业所发生的变化。管理者了解了员工的真实想法之后，才能进一步判断员工更适合在什么岗位上工作，以及给员工一个合理的评价。同时，管理者也能借机扭转自己对回归员工的偏见，有利于上下级之间的协调合作。